中国社会科学院中国边疆史地研究中心　**厉声　主编**

当代中国边疆·民族地区典型百村调查：**西藏卷（第一辑）**

分卷主编：**倪邦贵　孙宏年**

柳梧村的荣誉（2007年8月1日　陈朴摄）

柳梧村的商店（2007年8月1日　陈朴摄）

柳梧村通向拉萨的大道（2007年8月1日　陈朴摄）

柳梧村寺庙门口（2007年8月1日　陈朴摄）

柳梧村寺庙门口转经筒（2007年8月1日 曹佛宝摄）

柳梧村通向拉萨大道上的农牧民（2007年8月2日 陈朴摄）

柳梧村望果节文艺表演（2007年8月2日　陈朴摄）

柳梧村的自然环境（2007年8月6日　陈朴摄）

雪顿节赛牦牛（2007年8月14日 陈朴摄）

柳梧村完全小学图书室（2007年8月5日 曹佛宝摄）

柳梧乡自然风光（2007年8月6日　陈朴摄）

建设中的柳梧新村（2007年8月5日　陈朴摄）

柳梧村完全小学操场（2007年8月5日 陈朴摄）

柳梧村望果节期间村民在过林卡（2007年8月2日 曹佛宝摄）

柳梧新区规划前景（2007年8月7日　陈朴摄）

漂亮的拉萨火车站（2007年8月6日　陈朴摄）

中国社会科学院中国边疆史地研究中心 厉 声 主编

当代中国边疆·民族地区典型百村调查：西藏卷（第一辑）

陈 朴◎著

青藏铁路带来的新农村

——西藏拉萨市柳梧乡柳梧村调查报告

社会科学文献出版社

SOCIAL SCIENCES ACADEMIC PRESS (CHINA)

"当代中国边疆·民族地区典型百村调查"

总　序

　　深入实际、开展国情调研，是中国社会科学院肩负的重要科研任务，也是中国社会科学院履行好党中央、国务院赋予的"思想库"、"智囊团"职能的重要方式。中国边疆省区占国土面积的 60% 以上，边疆区情及当地的民族社会调研（边疆调研）是中国国情调研的重要组成部分。正如一位边疆工作者所说：不了解少数民族，就不了解中华民族；不了解边疆，就不了解中国。1983 年中国社会科学院中国边疆史地研究中心建立后，特别是 1990 年以来，一直将边疆调研作为学科研究的重点之一。

　　2004 年，中国边疆史地研究中心承担国家哲学与社会科学基金特别项目"新疆历史与现状综合研究"（简称"新疆项目"）。2006 年，中国边疆史地研究中心牵头，立项开展"当代中国边疆·民族地区典型百村调查"（简称"百村调查"），作为此特别项目的子课题。"百村调查"以新疆为重点，在全国新疆、西藏、内蒙、宁夏、广西五个民族自治区和云南、吉林、黑龙江三省基层地区同时开展，共调查 100 个边疆基层村落。调查工作在"新疆项目"领导小组和专家委员会指导下，由"百村调查"专家委员会暨编委会组织实施。在中国边疆史地研究中心主持拟定的调查大纲框架下，发挥每个省区的优势，体现各自的特色。

本项目的实施得到了边疆地区各级地方党政部门的支持。首先，调查工作注意与地方党政部门的相关工作衔接、听取意见，在实施调查之前，主动向各级党政部门汇报情况，听取指示和意见。其次，调查组主动让各级党政部门了解调研的全过程，在调研过程中出现问题时及时向相关党政部门请示。再次，调研阶段成果和最终成果的副本同时提供地方党政部门参考。

"百村调查"的调研主题是：改革开放30年来中国边疆基层村落的民族社会和经济发展的历史与现状。具体内容包括：乡村概况、基层组织、经济发展、社会生活、民族、宗教、文教卫生、民俗风情等。项目调研的时间是：2007～2008年（资料下限至2007年底或适当延长）。

"百村调查"的调研对象为：100个具有典型意义与特色的中国边疆基层村落。课题以基层乡、村两级为调查基点，大致每个省区选择2个地州，每个地州选择1～2个县，每个县选择2个乡，每个乡选择2个村。新疆共调查22个村，其他地区均为13个村（辽宁、吉林、黑龙江以东北边疆为单元，共调查13个村）。调查点的选择要求：

（1）本地区社会稳定与经济发展中具有典型意义的基层乡和村。

（2）存在边疆现实政治、社会或经济发展的热点、难点问题。

（3）与20世纪50年代全国边疆民族调查能有一定的衔接。

"百村调查"采取学术调查与现实政治相结合的方法，以社会人类学入村入户调研方法为主，同时关注现实政治、社会与经济发展中的热点、难点问题：一般共性调查与专题专访调查相结合，在一般综合性调查的基础上，选择好专访或专题调研的"切入点"——总结经验与完善不足相结合，在总结各项工作经验的同时，善于发现问题和提出解决问题的对策与建议。调研注重入户访谈和小范围座谈的专访调查。在一般性问卷和统计资料收集的基础上，注重对基层干部、群众典型、教师、宗教人士等特定人员的专题访谈，倾听和收集他们对基层社会稳定与经济发展的看法、意见和建议，形成能说明问题的专访或专题调研报告。

"百村调查"的成果形式分为调查综合报告与专题报告两大类。

（1）调查综合报告：依据大纲规定，撰写有关乡村经济社会等发展状况的综合报告，课题结项后分期公开出版。专题报告及调查资料可以公开发表的，在篇幅允许的情况下，作为附录附在综合报告末尾。

（2）专题报告：内容较敏感、不适宜公开出版的专题报告，集成《专题报告集》，内部刊印。

"百村调查"主编　厉声　谨识

2009年8月25日

目 录
CONTENTS

图目录
FIGURE CONTENTS

表目录
TABLE CONTENTS

序言
FOREWORD

  中华人民共和国成立 60 年来，特别是西藏和平解放以来，在 120 多万平方公里的雪域高原上发生了翻天覆地的历史巨变，百万农奴翻身得解放，成为人类发展史上的里程碑，经济社会发展的成就举世瞩目；农村在变，牧区在变，城市也在变，西藏广大农牧民的生活今非昔比，农牧民的观念同样也发生了值得关注的变化。面对如此巨大的变化，今天的我们怎样才能为后人留下这一瞬间，留住它们的轨迹？作为有历史感、责任感的学人，怎样才能完成我们这一代人的这一历史责任？由中国社会科学院中国边疆史地研究中心主持的国家社科基金特别项目"当代中国边疆·民族地区典型百村调查"（以下简称"百村调查"），便是中国一批学者立足调研，探求中国边疆民族地区乡村巨变的求索和努力！

  我们开展这个项目的初衷是对西藏乡村巨变以及经济社会发展进行全面的反映，特别是对西藏和平解放以来翻天覆地的巨大变化做一次现场实录，但随着中华人民共和国成立 60 周年、西藏和平解放 60 周年的到来，为了尽一个学人的历史责任，我们的目的也就定位在为中华人民共和国成立 60 周年、西藏和平解放 60 周年献礼！同时，这一工作也着力反映了西藏半个多世纪以来特别是 21 世纪以来经

1

济社会发展的巨大成就，为西藏在中国共产党的领导下走有中国特色西藏特点发展路子提供了大量的科学依据与前期研究成果资料，为维护西藏社会局势的稳定提供了强有力的证据。我们就积极地承担并完成这一重大课题的调研，调研的对象自然是西藏自治区。

一 西藏自治区基本情况

西藏自治区位于北纬 26°50′～36°53′，东经 78°25′～99°06′。北界昆仑山、唐古拉山与新疆维吾尔自治区和青海省毗邻，东隔金沙江与四川省相望，东南与云南省相连，南与缅甸、印度、不丹、尼泊尔等国接壤，面积 120 多万平方公里，仅次于新疆，居全国第二位。

西藏自治区山川秀美，气候独特，土地富饶。西藏高原平均海拔 4000 米以上，构成"世界屋脊"——青藏高原的主体。境内绵亘着众多巨大的山脉，东西走向的喜马拉雅山、冈底斯—念青唐古拉山、喀喇昆仑—唐古拉山、昆仑山四大山脉，横亘于高原的南侧、中部和北缘，属于横断山脉系列的伯舒拉岭、他念他翁山和芒康山则南北平行而下，蜿蜒于西藏东南，从而将西藏地区分割为四个相对的自然区域，即藏北高原、藏南谷地、藏东高山峡谷和喜马拉雅山地。境内海拔 7000 米以上的高峰有 50 多座，其中海拔在 8000 米以上的有 11 座，喜马拉雅山中段的中尼边界上的珠穆朗玛峰，海拔 8844.43 米，为世界第一高峰。高大山脉是构成高原地貌的骨架，也是古代冰川发育的中心，海拔 5000 米以上的山峰大多终年积雪，冰川广泛发育，是河川径流水的主要来源。境内江河、湖泊众多，外流江河有位于南部的雅鲁藏布江，从西至东流经全区，主要支流有年楚河、拉萨河、尼洋河，习惯称"一江三河"，是西藏主要农区，东部有金沙江、澜沧江、怒江，西部有象泉河、狮泉河等。内流河主要分布在怒江上游分水岭以西的冈底斯山、念青唐古拉山的藏北高原和雅鲁藏布江上游分水岭及喜马拉雅山以北地带，年流量仅占江河径流量的 8% 左右，而外流域面积占了西藏自治区的 51%。西藏还是中国湖泊最多的地区，大小湖泊约有 1500 多个，其中面积大于 200 平方公里的湖泊有 24 个，约占全国湖泊面积的 1/3。

早在四五万年前，西藏地区就已有古人类活动，他们披荆斩棘，同大自然进行长期斗争，并繁衍生息，成为这片高原的最早开发者。藏族著名典籍《贤者喜宴》对此做了形象的描述："食用果实变成人，采集树叶当衣衫，如同野兽居森林，好象珞（巴）、门（巴）遍西藏。"考古工作者的发现和发掘表明，西藏地区的先民先后经过了旧石器、新石器和铜石并用等时期，各个时期都与内地同时期的文化遗存有着密切的联系。新石器晚期，他们由蒙昧走向文明，由氏族、部落发展为部落联盟，又建立了蕃、象雄、苏毗等奴隶制邦国。公元 7 世纪初，蕃国第三十二代赞普松赞干布，以其卓越的政治远见和军事才能，完成统一大业，在西藏高原上建立了奴隶制的吐蕃王朝。到 9 世纪中叶，吐蕃在奴隶和平民大起义的冲击下土崩瓦解，在其本土逐渐形成许多割据政权，10～13 世纪前半叶逐步完成了奴隶制向封建制的过渡。13 世纪中叶，西藏成为中央政府直接治理下的一个行政区域。此后，中国经历了元朝、明朝、清朝和中华民国的兴替，多次更换中央政权，但西藏一直处于中央政权的管辖之下。

1949 年 10 月 1 日，中华人民共和国成立，此时的西藏处于比欧洲中世纪还要黑暗、落后的政教合一的封建农奴制社会中，占西藏总人口不足5%的农奴主占有西藏绝大部分生产资料，垄断着西藏的物质和精神财富，而占人口95%以上的农奴和奴隶没有生产资料和人身自由，遭受着极其残酷的压迫和剥削，挣扎在极端贫困的悲惨境地中，毫无权利可言。1951年，中央人民政府与西藏地方政府签订《关于和平解放西藏办法的协议》（简称《十七条协议》），使西藏摆脱了帝国主义侵略势力的羁绊，实现和平解放，为西藏与全国一起实现共同进步与发展创造了基本前提。《十七条协议》强调"西藏地方政府应自动进行改革"，但考虑到西藏的特殊情况，中央人民政府对改革采取了十分慎重的态度，以极大的耐心、宽容和诚意，劝说、等待西藏地方上层统治集团主动进行改革。但是，在帝国主义势力策动支持下，西藏地方上层统治集团的一些人面对人民日益高涨的民主改革要求，根本反对改革，顽固坚持"长期不改，永远不改"，企图永远保持政教合一的封建农奴制度，并于1959年3月10日悍然发动了全面武装叛乱。在这种情况下，为维护国家的统一和西藏人民的根本利益，中央人民政府与西藏人民一道坚决平息了武装叛乱。与此同时，在西藏掀起了一场轰轰烈烈的群众性民主改革运动，废除了政教合一的封建农奴制度，解放了百万农奴和奴隶，开创了西藏人民当家做主的新时代。

半个世纪以来，西藏各族人民在中央人民政府的关心和全国人民的支持下，以主人翁的姿态和空前的热情投身建设新社会、创造新生活的伟大进程中，创造了一个又一个西藏历史上亘古未有的奇迹。西藏的社会制度实现了跨越式发展，现代化建设日新月异、突飞猛进，社会面貌发生了翻天覆地的历史性变化。作为西藏历史巨变的一部分，农村、牧区的变迁和广大农牧民生产、生活和观念的变化尤其值得重视。

首先，土地改革废除封建农奴主的土地所有制，使农奴和奴隶成为土地的主人。1959 年 9 月 21 日，西藏自治区筹备委员会通过《关于废除封建农奴主土地所有制实行农民的土地所有制的决议》，决定对参加叛乱的农奴主的土地和其他生产资料一律没收，分配给农奴和奴隶；对未参加叛乱的农奴主的土地和其他生产资料由国家出钱赎买后，分配给农奴和奴隶。据统计，在民主改革中，国家共没收和赎买农奴主土地 280 多万亩，分给 20 万户的 80 万农奴和奴隶，农奴和奴隶人均分得土地 3.5 余亩。西藏百万农奴和奴隶第一次成为土地和其他生产资料的主人，焕发了空前的生产和生活热情，迅速改变了西藏的社会面貌和生活条件。据统计，土改基本完成的 1960 年，西藏全区的粮食总产量比 1959 年增长 12.6%，比土改前的 1958 年增长 17.5%。牲畜存栏总数 1960 年比 1959 年增长 10%。在民主改革中，西藏建立起第一个供销社、第一个农村信用社、第一所民办小学、第一所夜校、第一个识字班、第一个电影放映队、第一个医疗卫生机构。

其次，西藏社会制度实现了历史性跨越，经济建设实现跨越式发展，社会面貌日新月异，而西藏人民当家做主的权利有了制度保障，人民生活水平大幅度提高。1965 年，西藏自治区成立，标志着民族区域自治制度在西藏全面确立，实现了西藏社会制度从政教合一的封建农奴制度向人民民主的社会主义制度的历史性跨越，昔日的农奴和奴隶从此享有了平等参与管理国家事务和自主管理本地区、本民族事务的政治权利。

西藏和平解放以来，特别是民主改革以来，中央政府为促进西藏经济社会发展，对西藏实施了一系列优惠政策，在财力、物力、人力等方面给予强有力的支持。据统计，仅在基础设施建设方面，1951～2008年，国家就累计投入资金1000多亿元。1959～2008年，中央财政向西藏的财政转移支付累计达到2019多亿元，年均增长近12%。在中央的关怀和全国的支持下，西藏经济社会发展突飞猛进。据统计，1959～2008年，西藏生产总值由1.74亿元增长到395.91亿元，按可比价格计算，增长65倍，年均增长8.9%。1959～2008年，西藏人均生产总值由142元提高到13861元，增加13719元。旧西藏的农牧业基本靠天吃饭、靠天养畜，如今农牧业现代化程度大幅度提高，防灾抗灾能力显著增强，科技贡献率达到36%。粮食产量由1959年的18.29万吨增加到2008年的95万吨；粮食平均亩产由1959年的91公斤提高到2008年的近370公斤；年末牲畜存栏总数由1959年的956万头（只）增加到2008年的2400余万头（只）。

西藏和平解放前，西藏农牧民没有生产资料，几乎终身负债，根本谈不上纯收入，2008年，西藏农牧民人均纯收入达到3176元，1978年以来年均增长10.1%。1959年前，西藏90%以上的人没有自己的住房，农牧民居住条件极差。如今西藏人民的居住条件得到了巨大改善，通过推进新农村建设、实施安居工程，已有20万户百余万农牧民住进了安全适用的新房。2008年，农村居民人均居住面积达到22.83平方米。目前，从城市到农村都已初步建立起社会保障体系，2006年西藏人均收入低于800元的农牧民全部纳入最低生活保障,在全国率先建立了农牧区最低生活保障制度。而且,西藏和平解放后特别是民主改革后,中央人民政府采取各种措施改善西藏农牧区的医疗卫生条件,20 世纪 60 年代开始,西藏消灭了天花,各类传染病、地方病发病率大幅度下降,目前西藏在全国率先实现了城镇居民医疗保险全覆盖,并逐步建立了以免费医疗为基础的农牧区医疗制度,农牧民免费医疗补助人均达到 140 元。随着医疗卫生条件的改善,西藏的人均预期寿命由和平解放时的 35.5 岁增加到 67 岁。据 2000 年第五次全国人口普查,西藏有 80~99 岁的老人 13581 人、百岁以上的老人 62 人,是中国人均百岁老人最多的省区之一。

二　"百村调查"西藏 13 个村(镇)调查点的选择与基本情况

"百村调查"专家组为西藏共分配了 13 个村(镇)的调查任务。具体选择要求具有代表性,能够充分反映西藏农村当代发展的基本面貌。由于地理环境和条件不同,西藏和平解放以来,西藏农村经济社会的发展并不平衡,故在目标村(镇)的选择上,不同发展程度村(镇)的均匀分布是我们所主要考虑的。其他还关注了村(镇)的区位、经济、社会、文化、民族特征等。

"百村调查"在西藏的调研工作在"新疆项目"领导小组和专家委员会指导下,由"百村调查"专家委员会组织实施,在基本统一的调查大纲和问卷的框架下,注意发挥和体现西藏雪域高原的优势与特色。西藏地区的调研以 13 个村(镇)的调查为主,分别在西藏的边境、农区、牧区、城郊、青藏铁路沿线的 13 个村(镇)同时开展,主要包括：（1）堆龙德庆县的柳梧新村；（2）扎囊县的德吉新村；（3）贡嘎县的杰德秀居委会；（4）那曲县门地办事处 22 村；（5）拉萨市纳金乡城郊村；（6）拉萨市城关区蔡公堂村；（7）那曲县的罗玛镇 14 村；（8）贡觉县的岗托村；（9）定结县日屋镇德吉村；（10）错那县的勒布村；（11）日喀则市的 8~9 村；（12）当雄县的当曲卡村；（13）曲水县达嘎乡其奴村。

三 "百村调查" 西藏项目组的人员组成与调研简况及预期目标

"百村调查" 西藏项目组共由 18 位成员组成，倪邦贵研究员、孙宏年博士分别为第一、第二主持人，18 名项目组成员中有 7 人各自承担 1 个村、6 人分 2 组分别承担 2 个村、3 人 1 组承担 1 个村、2 人 4 组承担 4 个村，分别展开调查。西藏项目主持人强调所有承担人必须深入村（镇）15~20 天，认真调查，掌握真实情况，形成基本感受和准确认识，之后再以写实的笔法完成文本撰写。由于项目组成员科研能力强弱不一，大部分人缺乏研究经验，为了保证质量，使每个人都能基本上完成任务，项目组为他们制定了共同的入户调查问卷、调研提纲和写作提纲。在具体使用过程中，要求他们从入户调查入手，以调研提纲保障全面，没有大的遗漏，再以写作提纲保证叙事结构规范合理。每位作者在文本写作过程中，除基本遵守写作提纲外，还可以突出所调查村庄的特点，对写作大纲进行个性化灵活处理。除此之外，经常召开项目组会议，相互交流研究经验心得，学习各自长处，既有分工，又有合作，充分发挥项目组集体力量，以及每个人的聪明才智，整个工作进展基本做到规范有序、有条不紊。

"百村调查"西藏项目组的准备工作从 2006 年底着手进行,到 2007 年 5 月底基本完成,利用近半年的时间,西藏项目组总负责人倪邦贵研究员与项目组全体成员采用电话联系、个别交流与当面沟通等多种方式进行了调研前的培训与交流。2007 年 3~12 月,西藏 13 个村(镇)的调研工作基本全面展开,其间由于各种原因,还进行了个别人员调整。在此期间及之前,中国边疆史地研究中心在北京、银川、南宁和北戴河召开了多次协调会,通报了各地的研究进展和经验,统一了各地的进度,规范了研究进程。到 2009 年 12 月底,历时近 3 年时间[指村(镇)调研和文本撰写],西藏 13 个村(镇)的调研和文本写作基本完成,并且都进行了多次修改。经 2009 年 4 月北戴河会议审订,第一批 4 个村(镇)的成果先期于 8 月中旬正式交由社会科学文献出版社编辑出版。

四　"百村调查"西藏项目组的研究方法与最终目标

"百村调查"西藏项目组以西藏的基层社会与经济发展现状的社会调研为基本方法,强调学术调查与现实政治相结合,以民族学、社会学入村入户的调研方法为主,同时关注现实政治、社会与经济发展中的热点、难点问题;强调一般共性调查与专题访问调查相结合,在一般共性调查的基础上,选择好专访或专题调研的切入点;强调总结经验与完善不足相结合,在总结各项工作经验的同时,善于发现问题和提出解决问题的对策和建议。在调查选点方面,遵循选择西藏社会稳定与经济发展中具有典型意义的村（镇）（以行政村为主）的原则。在一般性问卷和统计资料收集的基础上，注重对基层干部、群众典型人物、教师、宗教人士等特定人员的专题访谈，倾听和收集他们对基层社会稳定与经济发展的看法、意见和建议，形成能说明问题的专访或专题调研报告。

"百村调查"西藏项目组以西藏的基层社会与经济发展为切入点，主要目的在于摸清西藏基层社会与经济发展的一般情况，包括西藏基层政权建设、西藏和谐社会构建、西藏的民族关系与民族团结、西藏的宗教信仰与宗教事务管理、西藏居民的国家意识与民族宗教观、西藏的"三老"人员情况、西藏的基层经济发展现状、西藏的基层文化教育现状、西藏的基层人才队伍状况、西藏的基层社会治安等方面。

根据"百村调查"项目的总体设计，西藏项目组确定的目标是：总结西藏地区基层社会与经济发展的经验，同时发现、弥补其不足，并为之提供有效的对策建议。在此基础上，"百村调查"在西藏的调研在以下几个方面有所突破：第一，通过典型调研，认真总结西藏基层社会与经济发展迄今为止所取得的重要成绩，总结其有益的经验；第二，在调查中关注发展中存在的问题与困难，并针对这些问题和困难，提出具有可操作性的对策建议；第三，根据西藏现有发展状况及其所具有的发展条件和机会，预测其发展前景。

作为"百村调查"西藏13村（镇）项目组负责人，我们深深地知道，这是一项非常有意义的研究，值得认真去做。历史将证明，今天我们为西藏这13个村（镇）留下的每一行文字、每一份表格、每一张照片，作为它们真实情况的反映，都将是有价值的历史记录。当然，我们也同样深知，由于作者众多，水平不一，成果的质量因而参差不齐，甚至可能出现各种错讹。在此，作为丛书西藏卷主编，我们代表相关的作者表示歉意，并恳请广大读者和专家批评指正。

谨以此书向西藏和平解放 60 周年献礼！

倪邦贵　孙宏年

2009 年 8 月 16 日

第一章 柳梧村所在县、乡概况与 基本村情介绍

第一节 柳梧村所在县、乡概况

一 堆龙德庆县和柳梧乡的概况

（一）堆龙德庆县概况

1. 县名

堆龙藏语意为"上谷"，德庆藏语意为"极乐"。堆龙德庆县，据原西藏地方政府有关文史资料记载："堆龙菜德豁堆是指：堆龙马曲又名佳瓦曲河上游形成的大部分地方，现为措麦乡菜波一地。很久以前该地沙棘成林，该县形成在菜波之后，人们习惯称堆龙菜波宗，后来菜波宗迁移到德庆寺的遗址上，但至今人们习惯称之为堆龙菜德宗或堆龙菜德豁堆。"

宗和豁堆在行政级别上虽有一定的区别，但从原西藏地方政府开展各种活动时往各地下发通知的范围来看，宗、豁堆在行政权属上区别并不大。

2. 地理概况

堆龙德庆县位于北纬 22°～22.17°、东经 19.19°～

1

90.23°之间。四周接壤的行政区、县分别是：东边有拉萨城关区、林周县，南边有山南贡嘎县、曲水县，西南有尼木县，西北与当雄县接壤。历史上的菜德宗位于现德庆村，离拉萨70公里。现堆龙德庆县位于西藏自治区首府拉萨市近郊，距市中心约12公里。

堆龙德庆县总面积2704.25平方公里，其中城区规划面积50平方公里，耕地面积为94969亩。最高海拔5500米，最低的拉萨河堆龙河谷，海拔3640米，相对高差约1860米，平均海拔4000米。

图 1-1 堆龙德庆县境内的火车大桥（2007 年 8 月 6 日 曹佛宝摄）

3. 地形地貌

堆龙德庆县地形为：西北部偏高，东南方偏低。堆龙德庆县属山地、冲积河谷平原、冲洪积平原、洪积扇、风积沙地地形地貌，位于冈底斯—念青唐古拉区中的拉萨分区，主要为古生界和新生界。岩性为砂页岩、砂板岩互层或夹泥层、泥沙岩、大理岩，部分地段为变质火山岩等。

县域四周为山地，中部为河谷区。

4. 气候特征

堆龙德庆县地处西藏中南部，雅鲁藏布江中游，拉萨河拐弯处及其支流堆龙河两岸，年日照时数达 3000 小时左右，年无霜期约 120 天。堆龙德庆县属高原温带半干旱气候区，雨季降水集中。空气稀薄，太阳辐射强，气温低，日照时数长，夏季凉爽，昼夜温差大，无霜期短，具有明显的高原气候特征。

干流堆龙河汛期，径流以降水和冰川融水组成，枯期径流主要由地下水和冰川融水组成。堆龙河流域多年平均降水量约 450 毫米，约 90% 的降水量集中在 6～9 月，年际降水量变幅不大。

气温分布北低南高，以拉萨气象站统计：多年平均气温 7.0℃，极端最高气温 29.5℃，极端最低气温 -18℃，多年平均日照时数 3006 小时，无霜期 120 天，冻土深 26 厘米，最大风速 17 米/秒。

5. 自然资源

堆龙德庆县地理环境优越，气候条件适宜，自然资源非常丰富。矿产资源有石灰石、红土、煤、铁、铅、锌，储备量较大的有石灰石、红土矿等。野生动植物主要有：獐子、鹿、水獭、棕熊、豹子、黑颈鹤、藏马鸡、虫草、贝母、雪莲花等。土壤肥沃，盛产高产农作物，主要种植青稞、小麦、豌豆、蚕豆和油菜等。

6. 旅游资源

全县旅游资源比较丰富，著名古迹和旅游点有楚布寺、乃朗寺、德庆邱桑温泉、雄巴拉曲神水、尼玛塘、东嘎桑木"假日休闲"林卡。

雄巴拉曲神水："雄巴拉曲"译成汉语是"盆中圣水"的意思，因为这里有一眼在藏区久负盛名的"圣泉水"，相传是藏传佛教大师莲花生施展佛法用禅杖从沙地中开凿而出的，此泉水清醇甘甜，是藏传千年的"八德圣水"。

7. 人口概况

堆龙德庆县 2005 年总人口为 43114 人，其中男性人口为 21129 人，女性人口为 21985 人。其中藏族人口约占 95.5%。共有 8 个党委、70 个党支部、党员 1700 多人；有 51 所各种宗教活动场所，233 名僧尼（僧人 183 名、尼姑 50 人）；有学校 41 所，包括中学 1 所、完小 13 所、教学点 27 个，在校生 6037 人。

8. 行政辖区

中华人民共和国成立前，西藏地区政府在此设有 3 个宗政权，均隶属于西藏噶厦政府。1959 年 9 月，德庆宗改名德庆宗办事处，隶属于拉萨分工委领导。1959 年 9 月成立堆龙德庆县人民政府和西郊区人民政府，隶属拉萨市人民政府。1960 年 2 月两县合并为堆龙德庆县，县驻地迁至西郊区驻地东嘎镇。如今堆龙德庆县隶属于西藏自治区拉萨市，下辖 5 乡 2 镇、35 个行政村，5 乡 2 镇分别是：德庆乡、马乡、古荣乡、羊达乡、东嘎镇、乃琼镇和柳梧乡。

9. 历史沿革

中华人民共和国成立前，西藏地方政府在堆龙德庆设有 3 个宗政权，均隶属于西藏噶厦政府。1956 年 9 月，德庆宗改名为德庆宗办事处，隶属于拉萨分工委领导。1959 年 9 月成立堆龙德庆县人民政府和西郊区人民政府，隶属拉萨市人民政府。1960 年 2 月，两县区合并为堆龙德庆县，县驻地迁至西郊区驻地东嘎镇。堆龙德庆辖区随着西藏

"政教合一"封建领主专政的封建农奴制被推翻和民主改革的胜利完成，正式成立了堆龙德庆县人民政府。1956~2004年，堆龙德庆县县级行政机构经历了堆龙德庆宗办事处→堆龙德庆宗军事管制委员会→堆龙德庆县人民政府→堆龙德庆县人民委员会→堆龙德庆县革命委员会→堆龙德庆县人民政府六个演变阶段。

　　近年来，堆龙德庆县在自治区、拉萨市两级党委、政府的正确领导和北京市对口单位的无私援助下，深入学习实践"三个代表"重要思想，抓住西部大开发、青藏铁路通车、拉萨市"东延西扩、跨河发展"战略实施等历史性机遇，解放思想，锐意创新，有力推动了县域经济持续、快速、健康发展和各项社会事业的全面进步。

（二）柳梧乡概况

1. 柳梧乡基本情况

　　柳梧乡位于堆龙德庆县东南部，北临拉萨河，与拉萨市隔江相望，东靠达孜县，南临贡嘎县，西与本县的东嘎、乃琼相邻，面积245.62平方公里。乡政府所在地桑达，海拔3620米。柳梧乡地处拉萨河谷，地势南高北低，境内以东南部的修日则布山最高，海拔5352米；其次为下布日山，海拔5010米。这里属高原大陆性温带半干旱季风气候，11月至次年3月，气候寒冷、干燥，多风沙，有少量降雪；4~10月，气温上升，年降水量在400毫米左右；年平均无霜期为130天，适宜青稞、小麦、土豆、萝卜、白菜、圆根、油菜等作物生长。家禽家畜有牦牛、犏牛、绵羊、黄牛、山羊、路、驴、马、猪、鸡和鸭等。树木有杨、柳、沙棘、柏树、高山栎、刺槐、榆树，此外还有核桃、苹果和桃树。全乡经济以农业为主、畜牧业为副。计有耕地面积 9399 亩，天然草场面积 31 万亩（见图 1-2）。

图 1-2　柳梧乡自然风光（2007 年 8 月 6 日　陈朴摄）

2. 柳梧乡行政体制的变革

"柳梧"为藏语音译，意为"山岩角"，相传很久以前，柳梧宗建在该辖区境内的一个山岩角上，故名。民主改革前，柳梧原为一个"宗"，即相当于"县"的行政建制，隶属噶厦政府，下辖 11 个庄园。1956 年，东嘎宗办事处成立，下辖柳梧宗。1959 年 8 月，柳梧区人民政府正式成立。1960 年 2 月，柳梧区正式并入堆龙德庆县。1969 年 10 月，临时权力机构柳梧区革命委员会成立，1978 年 7 月，根据全国五届人大通过的宪法规定，区一级革命委员会被撤销，设立了区公所，属县级政府的派出机构。1988 年 10 月，撤销并乡，原区所属的桑达、地阳和达东三个乡全并为柳梧乡、桑达乡，下辖 6 个村民委员会。

1994 年 8 月，在机构改革中，柳梧、桑达两乡合并为柳梧乡人民政府（见图 1-3、图 1-4），乡政府驻桑达村，

图 1 - 3 柳梧乡政府 (2007 年 8 月 6 日 曹佛宝摄)

图 1 - 4 和柳梧乡乡干部座谈 (2007 年 8 月 6 日 曹佛宝摄)

下辖达东、地阳、桑达、柳梧 4 个行政村,沿袭至今。

3. 柳梧乡人口

尽管从自然条件、社会经济发展等方面,柳梧乡与全县的其他乡镇相比较,相对来说是比较落后的,但就自身的纵向比较来讲,发展速度还是比较快的。无论是人口、经济、文化教育等方面,均是如此。

1959 年，柳梧乡人口为 2040 人，1960 年增至 2490 人，1970 年为 2800 人，1980 年为 3293 人，1992 年为 3660 人，2006 年为 4220 人。1960～2006 年的 46 年间，人口从 2490 人增至 4220 人（其中女性人口为 2119 人），共增加了 69.5%，人口年增长率为 3.68%。自全国推广计划生育政策以来，人口的增长率普遍下降。但在西藏，由于人口密度低，西藏政府对计划生育采取了比较宽松的政策，故人口的增长率虽有减缓，但增幅仍高于全国平均水平。

第二节　柳梧村基本情况

一　柳梧村历史沿革

"柳梧"为藏语音译，意为"山岩角"，相传很久以前，柳梧宗建在该辖区境内的一个山岩角上，故名。民主改革前，柳梧原为一个"宗"，即相当于"县"的行政建制，隶属噶厦政府，下辖 11 个庄园。中华人民共和国成立之前柳梧乡一直沿用历史旧名柳梧宗，范围也有所不同；今天的柳梧村在中华人民共和国成立以前人们都叫它热木嘎（音），1959 年 11 月堆龙德庆县划分为 8 个区，柳梧村属于柳梧区管辖，改称柳梧村。1956 年，东嘎宗办事处成立，下辖柳梧宗。1959 年 8 月，柳梧区人民政府正式成立。1960 年 2 月，柳梧区正式并入堆龙德庆县。1969 年 10 月，临时权力机构柳梧区革命委员会成立。20 世纪 70 年代人民公社时期，柳梧村也和内地的村一样成立生产队，成为柳梧区人民公社下属的柳梧村生产队，选举队长和副队长。这段时间柳梧村比现在的管辖范围大，党的十一届三中全会以后，随着农村经济体制的改革，原有的"政社合一"的基层政权体制严重妨碍了乡（镇）政权职能的发挥，已越来越不能适应形势发展的需要，改革原人民公社体制势在必行。1978 年 7 月，根据全国五届人大通过的宪法规定，区一级革命委员会被撤销，设立了区公所，属县级政府的派出机构。1984 年，全区进行了政社分开，建立乡人民政府。这期间，柳梧乡人民政府建立了。同时，对基层群众性自治组织进行了整顿，建立了柳梧村村民委员会。这项工作，彻底改变了过去"政社合一"的旧体制，恢复了基层政权应有的法律地位，为乡（镇）人民政府职能作用的发挥提供了保证，基层人民政权建设随之走向正轨。1988 年 10 月，撤销并乡，原区所属的桑达、地阳和达东三个乡合并为柳梧乡、桑达乡，下辖 6 个村民委员会。1994 年 8 月，在机构改革中，柳梧、桑达两乡合并为柳梧乡人民政府，乡政府驻桑达村，下辖达东、地阳、桑达、柳梧 4 个行政村，一直至今。柳梧村现在的村委会是原来的乡政府，直到 1996 年它才赋予了柳梧村今天的管辖范围，具体包括 6 个组，分别是查古村一组、柳梧村二组、柳梧村三组、向冲四组、向冲五组、向冲六组。2004 年，柳梧村二组、三组因拉萨火车站搬迁而建设成柳梧新村，坐落在与其他组一路之隔的对面。村民委员会仍然在旧村。

柳梧村是拉萨市堆龙德庆县柳梧乡下属的一个村，因火车站的建设和柳梧新区建设而出名。柳梧村紧邻拉萨河南岸，与拉萨老城隔河相望。整个村子背山面河，形成了相对独立的单元，地势南高北低但比较平坦，利于城市建设开发，也有很好的规划适建性。加上与拉萨距离很近，柳梧村就成为拉萨火车站和新区建设的首选之地，因此，这也是柳梧村土地被征用的原因。柳梧村分为由于拉萨火车站建设搬迁的柳梧新村和原来的老村。我们此次调研选择的是柳梧新村。

二 柳梧村概况

（一）柳梧村基本情况

柳梧村共有 6 个小组，445 户，1690 人，一组、二组、三组、四组、五组、六组人口分别为 378 人、249 人、253 人、250 人、286 人和 274 人。二组中 18 岁以上的人口有 160 人，三组 18 岁以上的人口有 177 人。全村汉族人口共有 4 人，其他都是藏族，这四个汉族人是四川人，都是入赘到该村的女婿。该村村民信仰藏传佛教，分属两种教派：一是萨迦派，一是拉萨传统的格鲁派。

全村原有土地面积 5368.78 亩，其中，被铁路建设征用 1870.45 亩，被新区建设征用 2820.2 亩，目前，全村仅剩 678.13 亩土地。我们调研的新村属于二、三组，共 129 户、502 人，两组原土地面积为 1784.43 亩，其中被铁路建设征用 1615.929 亩，被新区建设征用 168.501 亩。我们调查结束时，第二组和第三组两组所有土地基本上被拉萨火车站建设和新区建设征用，仅剩一小部分集体土地。

柳梧村紧邻拉萨河南岸，与拉萨老城隔河相望，村以北，经柳梧大桥，直接联结老城市中心区，并通过拉贡高等级公路到达贡嘎机场；向南，可通过规划的东环路到达乃琼铁路货运基地；向东，可通过滨河道路与川藏公路连接，到达林芝昌都等藏东地区；向西，可通过滨河大道与东环路形成环路，规划的青藏铁路拉萨客运站和汽车客运站坐落于该村西北部。东沿孜村，南靠山南，西至桑达村，北临拉萨河。

柳梧村下设 6 个自然村，它们分别是查古村一组、柳梧村二组、柳梧村三组、向冲四组、向冲五组、向冲六组。柳梧村北靠拉萨河，东面是孜村，南边是山南，西面是桑达村。

（二）柳梧村交通

北京大道（由北京市援建）贯穿于柳梧新村与老村之间，北京大道是非常广阔的一条水泥路，路面可以达到一级路面的要求。柳梧新村位于北京大道的西侧，柳梧老村位于北京大道的东面。柳梧村离火车站直线距离不足 500 米。由于柳梧大桥已经通车，所以柳梧村的村民去拉萨市区非常方便，从火车站到市内的 89 路、86 路每 20 分钟一班，票价一元。89 路经过拉萨中心拉百到公交总站，86 路经过德吉路到北郊客运站，大约 20 分钟的路程就可到市区（见图 1－5）。对柳梧村老百姓来说，西可去火车站，东北方向可去拉萨市区，交通非常方便。

图 1－5　柳梧村通向拉萨大道上的农牧民
（2007 年 8 月 2 日　陈朴摄）

（三）柳梧村集市、商业布点

1. 集市

对于柳梧村的村民来讲，由于去拉萨市区只需大约 20 分钟的路程，大多数村民购物都是去拉萨市区，所以集市基本没有。只有在"望果节"之类的节日时，才会有短暂的几天集市。由于这种节日大多都是在柳梧村村委会大院进行，所以集市自然而然就在村委会附近形成。

在"望果节"这样的节日里，集市上卖的东西可以说是五花八门，有吃的；也有各种儿童玩具，比如玩具枪、气球等；还有喝的各种水和饮料，主要是我们常见的纯净水、可口可乐和雪碧等；还有一些水果，例如桃子、西瓜等。

2. 商业布点

柳梧村附近目前共有个体工商户 80 户，从业人员 115 人，注册资金 837350 元（见图 1－6、图 1－7）。其中自治区内个体工商户有 19 户，从业人员 35 人，注册资金 8.3 万

图 1－6　柳梧村的商店（2007 年 8 月 1 日　陈朴摄）

元；自治区外个体工商户61户，从业人员80人，注册资金754350元。2007年上半年新增个体工商户18户。个体工商户的增加，在一定程度上解决了部分失地农牧民的就业问题。自治区外个体工商户的增加，为新区的经济发展注入了新的活力，对新区的建设起到了一定的促进作用。

图1-7　柳梧村的饭店（2007年8月1日　陈朴摄）

第二章　柳梧村基层组织

第一节　柳梧行政村组织

一　柳梧村村民委员会

（一）成员概况

柳梧村村委会一共有 4 人，全是该村村民，其中有一名主任，一名副主任，一名委员（分管治安等事务），一名会计（女性）。年龄最大的 63 岁，最小的 31 岁，平均年龄 45 岁。这说明该村委会成员的年龄适中，能够很好地接受先进思想和观念。

（二）成员文化程度

村委会 4 名成员只有副主任是高中文化程度，其他都是小学文化程度。这可以看出柳梧村委会成员的文化程度相对较低，主要是因为 40 岁以上的 3 位成员因为历史原因导致文化程度低，而副主任是 20 世纪 70 年代出生的，接受的文化教育自然而然要高一些，这是情理之中的事。这些村干部虽然文化程度较低，但在处理日常的事务和在失地农民增收的过程中却显得很有水平，方法方式得当。具体情况见表 2 - 1。

表 2－1　柳梧村村委会成员情况

单位：元

姓名	职务	年龄	性别	民族	学历	政治面貌	待遇				家庭收入(年)
扎西次仁	书记	30	男	藏		党员	国家公务员副乡长兼职				
普布顿珠	主任	42	男	藏	小学	党员	财政工资	乡提留	村补贴	共计	
							500	100	350	750	
达瓦桑布	副主任	31	男	藏	高中	党员	财政工资	乡提留	村补贴	共计	年收入3万~4万元之间
							450	100	350	700	
洛桑顿珠	委员	63	男	藏	小学	群众	财政工资	乡提留	村补贴	共计	
							400	100	350	650	
米玛	委员会计	45	女	藏	小学	党员	财政工资	乡提留	村补贴	共计	
							400	100	350	650	

资料来源：通过对村主任调研所得。

（三）成员政治面貌

村委会 4 名成员只有一位是普通群众，其他都是党员，这能够反映出中国共产党在基层组织中的领导地位。

（四）成员待遇和家庭收入

在 2002 年以前，村委会成员（见图 2－1）的待遇由村里自己解决，当时是每月 750 元，2002 年之后随着农村税费改革的深入，村干部的工资由县财政统一支付，按照县财政规定，村主任每月 500 元，副主任每月 450 元，两个委员每月各 400 元，这一工资标准在同一级别中属于较高水平，在其他县很少有，只有堆龙德庆县达到这一比较高的工资标准。除了财政工资之外，由村委会再给每位成员平均补发 350 元，目的是能和待遇支付方式改变前的水平持平。

村干部的家庭收入情况，主要是从事运输业，每位村干部都有运输车辆，年收入至少不低于 3 万 ~ 4 万元。这主要是，村干部一般都是村里的能人，他们的思想观念转变较快，接触的人和事也相对较多。以村主任普布顿珠为例，在他没被选为村主任之前，他家有两辆卡车和一辆装载机，每年仅这一项收入就近 20 万元，而如今当选为村主任后，由于工作太忙不得不卖掉一辆车和一辆装载机，收入也随之减少近2/3。按照理性人角度分析，这一做法是不可取的，但在为人民服务和个人利益之间，这位看起来憨厚但又有头脑的村主任选择了为人民服务。当我们称赞他时，他只是憨憨地笑笑摇摇头。

（五）村民委员会的管理方式

在柳梧村，除了由本村村民担任的村委会成员外，还有两位乡里派来的工作人员，其中一位是柳梧乡副乡长，兼任柳梧村党支部书记，像很多村支部书记一样，这位副乡长担负着柳梧村一把手的职责，柳梧村的很多施政方略都出自他手。这位年轻的书记有很强的政治智慧，语言表达能力强，在同一职务的层次上水平是很高的，这令我们感到很钦佩。另一位是市、乡人大副主任王秀珍，在村蹲点，负责近期乡里工作在村中实施情况的调查。

（六）村民委员会经费

柳梧村委会经费由两部分构成。

（1）中央和地方两级财政转移支付，其中主要的转移支付来自县财政。

图 2 - 1 村委会成员在工作（2007 年 8 月 6 日 陈朴摄）

（2）村集体资源收入。村集体所有的沙场收入、集体土地征地补偿款、集体土地租地租金、集体所有的房屋和树的补偿款，构成了柳梧村集体收入的主要来源。这一收入规模是很大的，到目前为止，柳梧村集体收入高达 6000多万元。雄厚的资金规模给柳梧村未来的发展奠定了雄厚的经济基础。

（七）村民委员会工作职能

在柳梧村没有征地之前，村委会的主要工作就是指导农牧业生产、上传下达等。征地不仅给村民带来新的机遇和挑战，同样对村委会职能的转变也提出了更高的要求，村委会要能够适应市场机制引发的各种新情况，由过去单一地搞农业生产，转变为带领全村人民走有特色的第二、第三产业发展道路。

（1）引导村民发展第三产业，推进村民思想观念的转变。

（2）加强管理，对失地后的农民要进行有组织的从业选择、组建村民合作组织和统一管理。

（3）继续做好宣传党的富民政策、民族宗教和法制政策等工作，发挥党在基层中宣传员的作用，使党的各项方针政策传达到每个村民中去。

柳梧村党支部能够做到每月一次例会，研讨制定下月的工作计划，每半年进行一次简单的村工作总结，每一年进行一次全面的村工作总结。在村支书的带领下，柳梧村的村委会工作得以有条不紊地开展，整个柳梧村也呈现出一片和谐的喜人景象。

第二节　柳梧村规章制度

一　柳梧乡规章制度

柳梧乡属于西藏自治区的一个乡，自治区所有的工作纪律、法律法规都必须遵守。乡政府的工作纪律制度（见图 2 - 2），一般都是按照自治区的有关法律法规来制定的。

图 2 - 2　柳梧乡规章制度（2007 年 8 月 6 日　曹佛宝摄）

（1）西藏自治区第八届人民代表大会常务委员会第 15 次会议审议通过了《西藏自治区乡镇人民代表大会工作条例》的决定。

（2）《西藏自治区财政监督条例》已由西藏自治区第八届人民代表大会常务委员会第 16 次会议于 2005 年 1 月 12 日通过，条例自 2005 年 3 月 1 日起施行。

表 2-2　柳梧乡机关作风建设实施方法和步骤汇总

阶段	时间（2007 年）	机关干部职工作风建设内容	组织领导
第一阶段（思想活动阶段）		通过职工大会、报告会等形式宣传，并教育引导全体机关干部职工积极投入到作风建设工作中	扎西次旺　洛　　旦　罗布次仁　李　　宁　洛　　珍　夏　　晖
第二阶段（学习阶段）	6 月 1 日～8 日	乡机关作风建设、学习教育；传达刘书记讲话精神和此次机关作风建设的部署安排，以及学习马克思主义的"四观两论"	扎西次旺　洛　　旦　罗布次仁　洛　　珍
	6 月 9 日～16 日	学习《中国共产党章程》、《江泽民文选》等书籍。	洛　　旦　夏　　晖
	6 月 17 日～23 日	学习《领导干部要在思想、作风建设中作出表率》、《人民政府要为人民办实事》	罗布次仁　洛　　珍
	6 月 24 日～30 日	学习《始终做到"三个代表"是我们党的立党之本、执政之基、力量之源》；《保持共产党员先进性教育读本》；《中华人民共和国公务员法》；《中华人民共和国土地管理法》；《中华人民共和国铁路法》	洛　　旦　罗布次仁　夏　　晖　洛　　珍

阶段	时间 （2007 年）	机关干部职工作风建设内容	组织领导
第三阶段 （自我剖析 阶段）	7 月 1 日～ 8 月 10 日	乡党委、乡政府组织开展自我剖析，剖析分单位和个人两部分进行	扎西次旺 洛　　旦 罗布次仁 李　　宁 洛　　珍 夏　　晖
第四阶段 （整改阶段）	8 月 11 日～ 9 月 30 日	针对作风建设中查找出来的问题，乡党委、乡政府及个人要制定相应的整改措施，落实整改责任，限期进行整改	罗布次仁 洛　　珍 夏　　晖
第五阶段 （总结验收 阶段）	10 月 8 日～ 12 月 25 日	从 10 月 8 日开始，乡作风建设领导小组及办公室将在全乡开展作风建设的验收活动	罗布次仁 洛　　珍 夏　　晖

资料来源：柳梧乡政府办公室提供。

　　在调研的过程中，我们遇到柳梧乡正在进行机关职工工作作风建设，本次活动前三个阶段，分别是思想活动阶段、动员学习阶段、自我剖析阶段。这三个阶段培训工作可以提高机关工作作风。我们也很明显地体会到了这次工作作风建设活动的效果，接待人员让我们感受到一种人民公仆般的温暖。

二　柳梧村（柳梧新区）工作规划

　　经国务院办公厅批准柳梧村成立国家级开发区——柳梧新区，在柳梧村成立了拉萨市柳梧新区筹备管理委员会，柳梧新区在 2007 年 11 月正式成立。柳梧村将变成柳梧新区，成为拉萨市经济技术开发区，现新区管理委员会已成立，柳梧村的各项工作正逐步由堆龙德庆县交接给管委会。

　　柳梧新区的成立，是拉萨市实施西部大开发战略、促进拉萨经济实现跨越式发展的重大战略举措。柳梧新区开发建设思路的确定，是拉萨市建设史上极其重要的一页，是对老城区"控制和保护"发展模式的一种突破，也是保护"宗教圣城"和跨越式发展之间的最佳组合。新区将成为一个集行政办公、旅游配套、金融贸易、文化娱乐和新型住宅为一体的城市新区（见图2-3）。柳梧新区的正式成立，标志着拉萨市"东延西扩、跨河发展"的城市发展战略迈出了坚实步伐。察古大道、通站东路等四条市政道路的开工建设，将进一步完善新区的交通路网功能，对促进新区加快发展，扩大城市发展空间，提升城市凝聚力、辐射力、带动力，增强城市功能和活力，促进新区乃至拉萨经济社会的全面、协调、可持续发展，发挥十分重要的作用。

图2-3　柳梧新区规划图（2007年8月7日　陈朴摄）

以下介绍柳梧新区的具体规划（见图2-4）。

图 2 - 4　柳梧新村（2007 年 8 月 5 日　陈朴摄）

（一）面积

柳梧新区位于拉萨河南岸，由北、中、南三个组团构成，分布在三个山坳里，形成相对独立的三个用地单元。规划面积 42.7 平方公里，城市建设用地 23.25 平方公里。柳梧新区按照规划分期实施步骤，近期主要开发建设北组团（即启动区，也就是柳梧村的范围）。该区规划控制总面积为 9.4 平方公里，城市规划净用地面积 6.042 平方公里（见图 2 -5）。

经 济 技 术 指 标 表	
总用地面积	6042005.8平方米
总建筑基地面积	784026.6平方米
总建筑面积	2963538.2平方米
总容积率	0.5
总建筑覆盖率	13%
总户数	10447户
总人口	41665人

图 2 - 5　柳梧新区规划各项指标（2007 年 8 月 6 日　陈朴摄）

（二）人口

柳梧新区远期人口规模确定为 10 万 ~ 12 万人，启动人口规模 3.5 万 ~ 4 万人（不含铁路流动人口）。

（三）配套设施

区内道路：启动区已经修建北京大道和通战路，其他道路建设正在积极筹建中。

供水：新区将修建水厂，日供水量达 3.5 万吨，完全满足新区用水要求，目前正在做前期筹建工作。

排污：新区将建设污水处理厂，可完全满足新区的排污需求。

供电：新区的变电站已建成，可全方位满足新区的用电需求。

通信：新区内现已有中国网通、中铁铁通、中国电信入驻，中国移动等部门即将入驻，可全面提供移动通信、数据传输、计算机宽带业务等在内的多项服务。

（四）实施步骤

（1）因循自然，平衡发展，适度超前，培育土地市场，适应市场经济的发展；基层和创新并重，创造具有浓郁民族特色的现代化精品新城区。

（2）引导新区启动区的基础设施向导和亮点辐射效应相结合的策略，先期对新区启动区的集体土地进行征用。

（3）加大招商引资力度，提高新区的现代城市品位。

（4）创新开发模式，项目建设和开发建设并重进行。

（五）柳梧新区的城市定位

柳梧新区的城市定位是：拉萨市商业副中心，拉萨社会经济发展增长极之一。具体来说，将其建设成为集客流集散地、旅游准备基地、较高科技含量、生态园林、节能减排、新能源开发、集中社会化服务功能于一体，具有浓郁的地方特色的西藏现代化城市示范区。据新区负责人介绍，新区管委会组建以来，各项工作顺利推进：与中国海亮集团、悦明集团等多家具有较强实力的公司签订了投资合作协议；中国奇正藏药研发中心、金昌公司的总部及陇星公司西藏总部等拟入驻新区；编制完成了 2008 年投资建设项目计划。

第三节 柳梧村民主法制

一 柳梧村普法工作概况

堆龙德庆县高度重视法制宣传教育工作，创新方式，丰富内容，推动了普法工作的深入开展。堆龙德庆县普法工作的开展对柳梧村有着重要的影响。

（1）切实抓好重点对象的法制宣传教育，努力提高宣传教育工作的针对性。2009 年以来，堆龙德庆县大力加强了各级公务员特别是领导干部的法律宣传教育。同时，加强廉政法律教育，提高公务员依法行使公共权利的能力；大力加强青少年法制宣传教育，强化学校法制教育第一课堂的主渠道作用，继续推进法制教育进课堂，进一步完善学校、家庭、社会"三位一体"的青少年法制教育格局；

柳梧村根据县里要求，大力加强农牧民法制宣传教育，把农牧民法制宣传教育纳入农村公共服务体系。

（2）坚持法制教育与法治实践相结合，着力提高全社会的法治化管理水平。该县认真总结多年来的依法治理经验，积极开展地方和行业依法治理工作，并大力推进依法治县工作。深化乡村、社区、企业、学校等基层组织的依法治理工作，建立和规范了基层经济发展、利益协调、矛盾处理、社会建设和社会管理机制，引导基层组织和基层干部依法办事，引导基层群众依法参与公共管理，推进基层民主法制建设。

（3）积极创新法制宣传教育方式，着力提高宣传教育的实效性。2006年以来，堆龙德庆县强化了宣传单位的社会责任，大力开展公益性法制宣传教育，努力增强法制宣传教育的渗透力和渲染力；积极组织创作具有较高艺术水准、社会效果好、受群众欢迎的法制文艺作品，经常深入基层、深入群众演出；加强法制宣传阵地建设，增加了公共场所法制宣传教育设施，逐步形成了覆盖县、乡、村的法制宣传阵地网络，为群众提供了方便的学法场所和快捷的公益性法律信息服务。柳梧村也同时配合县法制宣传开展了一系列的配套活动。在我们的调查中，县乡有关部门在柳梧村村委会大院门口四周悬挂了大量的有关交通法规的宣传版面，内容大部分是由于违反交通规则所发生的车祸惨状的警示性图片。调查那天，笔者看见在宣传板四周围观了很多村民，时而还指点讨论一下，我们问一些村民看完该图片后有什么样的感想，回答大部分是"很惨，以后开车要好好遵守交通法规"，这表明县乡的普法工作在柳梧村产生了很大影响。

二　村民代表大会

在调查过程中，我们正好碰到柳梧村在做柳梧乡人大政府换届选举前的准备工作，柳梧村村委会办公室工作人员按照堆龙德庆县县委［2007］40 号文件《关于对堆龙德庆县两级人大政府和政协换届工作方案》的通知以及堆龙德庆县县委［2007］41 号文件《关于堆龙德庆县人大常委会党组 2007 年县乡（镇）两级人大换届工作实施方案》通知的要求，正在开展人口登记和选民登记工作，确定柳梧新村（即二、三组）年满 18 周岁具有选举权和被选举权的人口：二组 160 人，三组 177 人。本届选举方式县乡还没下发通知，根据村委会主任介绍，往年的方式是有选举权的村民在选票上无记名地选择候选人，不在村里的人可以被代替选举。我们调查期间，本届候选人名单还没有产生。第九届村民代表一共有 9 人，分别是村长普布顿珠、村委会委员洛桑顿珠、会计米玛、前村支书布穷、前副村委会主任朗嘎，村民布果、洛桑次烈、次仁卓嘎、土登次仁，由这 9 位代表到柳梧乡行使代表权力。

三　基层社会调解情况

自 2006 年以来，柳梧乡、柳梧村根据堆龙德庆县社会调解工作精神把善谋安民之策置于构建社会主义和谐社会的大局中通盘考虑，并采取行之有效的方法，全面推进城乡建设和管理。其方法主要是密切联系群众，多渠道建立长效机制，有序推进县乡发展。例如，成立县乡两级信访室，建立并完善了信访工作制度；成立县乡治管队（组），实行三级联防；建立法律服务制度，协助民事调解；注重人民内部矛盾排查，构建以村调解委员会、乡镇调处中心、县调处工作指导委员会为单位的人民内部矛盾三级调解工作格局；建立困难群体帮扶工作机制等制度。

在我们调查期间，堆龙德庆县正在开展全县矛盾纠纷排查化解的工作，中共堆龙德庆县县委及县政府办公室联合下发了关于《堆龙德庆县集中开展矛盾纠纷排查化解工作实施意见》的通知，更好地达到积极主动防御和妥善处置由人民内部矛盾引发的各种群体性事件的目的。

由于征地问题引发的柳梧村群体与越级上访事件，在西藏引起相关部门的重视，县乡领导干部带队下访，在柳梧村委会的配合下，对柳梧村群众做了大量卓有成效的协调、宣传、引导和服务工作，有效地维护了全村和全县社会局势的稳定。

四　民族优惠政策

（一）　经济优惠政策

我们所调研的柳梧村是西藏拉萨经济技术开发区（以下简称开发区），是经国务院办公厅批准成立的国家级开发区，它的成立也是发展西藏经济、实现跨越式发展的重要举措：兴办开发区，发展外向型经济和高新技术产业，以努力激发西藏经济的活力。结合中央第四次西藏工作座谈会确定的针对西藏实行的优惠政策及开发区实际，特制定本优惠政策。

1. 土地政策

（1）凡符合国家、自治区环境保护政策、产业政策的企业均可入驻开发区。

（2）开发区土地按基准地价优惠 50% 提供给投资者，并免收土地使用费、土地管理费、土地登记费、土地抵押登记费，减半计收土地评估费。

（3）对一次性缴纳土地使用权出让金有困难的投资者，可根据实际情况确定其分期缴纳比例。首期支付比例不得低于土地出让金总额的 50%，余额在三年内付清。

（4）土地使用期内，在完成投资总额 20% 以上的投资后，可享有土地抵押权、转让权。使用期满后，在同等条件下土地使用者有优先续租的权利。

（5）投资高新技术产业的企业，在基准地价优惠 50% 的基础上再优惠 10% 提供给投资者。

（6）对外商独资企业（包括港澳台地区投资者，下同），土地使用权出让价按基准地价成本收取。

2. 财税政策

（7）开发区内各类企业按 10% 的税率征收企业所得税。

（8）国家、自治区认定的高新技术产业和高新技术产品的企业，自经营之日起，分别免征企业所得税十年、八年。期满后，五年内减半征收。

（9）从事药业生产经营的企业，自生产经营之日起，免征企业所得税六年。

（10）从事旅游相关产业的企业，自生产经营之日起，免征企业所得税七年。

（11）投资房地产开发建设的企业，自经营之日起，免征企业所得税三年。

（12）从事信息咨询、会计、法律、资产评估等中介服务、技术服务的独立核算企业或经营单位，自开业之日起，免征企业所得税两年。

（13）内资企业（不含高新技术企业）：开发区内新办工业企业，从获利年起，前两年免征企业所得税，后三年减半征收。开发区内注册、异地经营的企业或经营场所迁入开发区的企业，自经营之日起，减半征收企业所得税五年。

（14）外资企业从获利年度起，前三年免征企业所得税，后三年减半征收。

（15）外商投资额在500万美元以上的项目，从获利年起，前五年免征企业所得税，后五年减半征收。

（16）外资企业发生年度亏损的，可以用下一年度所得弥补，下一年的所得不足弥补的，可以逐年弥补，但最长不得超过五年。

（17）开发区内企业将取得的利润进行再投资，以增加注册资本或在开发区兴办其他企业，经营期限不少于三年的，经申请批准，自生产经营之日起，返还所缴纳的增加投资部分的企业所得税。对该企业决策者，以个人所得的50%为基数征收个人所得税。

（18）目前全国开征而西藏尚未开征的有关税种，开发区内的国内外投资企业享受同样免征待遇。

（19）企业在开发区年缴纳流转税（指增值税、营业税）达到一定数额的，可享受政策扶持，具体比率是：50万～100万元（含100万元），扶持比率为15%；100万～300万元（含300万元），扶持比率为20%；300万～500万元（含500万元），扶持比率为25%；500万～700万元（含700万元），扶持比率为30%；700万元以上，扶持比率为35%。

（20）企业在开发区年缴纳所得税可享受政策扶持，具体比率是：100 万元以下（含 100 万元），扶持比率为 30%；100 万 ~200 万元（含 200 万元），扶持比率为 35%；200 万 ~400 万元（含 400 万元），扶持比率为 40%；400 万元以上，扶持比率为 45%（享受了其他所得税减免的企业不适用本条）。

（21）除工本费外，开发区十年内免收各种行政事业性收费（国家明文规定收取的除外）。

3. 金融政策

（22）投资企业享受中央赋予西藏的贷款平均利率低于全国商业利率的 2.472 个百分点的特殊优惠政策。

（23）允许外商（指外国、港澳台地区投资者）在开发区投资企业以汇质抵押方式向区内外汇指定银行申请人民币贷款。

（24）投资企业自有资本金率达到 20% 以上的，可向西藏金融机构申请贷款。

（25）凡一次性投资在 1000 万元人民币以上的企业，或注册在开发区、注册资金在 3000 万元人民币以上的企业，开发区给予其贷款贴息的财政扶持。

（26）对享有边境贸易经营权的投资者，允许在边境贸易中以可兑换贷币或人民币计价结算，准许其在区内外汇指定银行开立外汇结算账户。

4. 外经贸政策

（27）开发区内的经营企业可优先赋予边境小额贸易进出口经营资格；生产和科技企业，可优先赋予自营进出口经营资格。

（28）开发区内的企业，进口基础设施建设和企业自用的机器设备、建筑材料、办公用品等，免征进口关税和进口环节税。

（29）开发区内的企业，专为生产出口产品所实际耗用的原辅料、零部件、元器件、包装材料，以及外商投资者为履行出口合同在投资总额内进口的机械设备、生产用车等，海关按保税货物管理，免征进口关税和进口环节税。

5. 工商行政管理

（30）企业设立时，除按照法律、法规、规章的规定办理前置审批手续外，其他任何前置审批规定一律不作为企业登记的前置条件。

（31）对外来企业迁至开发区登记注册，或在开发区设立分支机构的，工商、税务或特种行业管理部门只收取登记注册工本费。迁移涉及注册资本增加的，其增加部分应进行验资。产权清晰的企业可免交资产评估证明。

（32）工商注册登记费。企业注册资金在 1000 万元以下的按 0.5‰的标准征收，注册资金在 1000 万元以上的按 0.3‰的标准征收，超过 1 亿元的部分，不再计收工商注册登记费。

（33）登记注册为有限责任公司的企业，降低登记注册的资本额：以生产经营、商品批发为主的公司和综合性广告的公司，均为 30 万元；以商品零售为主的公司为 10 万元；以科技开发、咨询、服务性为主的公司为 8 万元。且注册资本金可在两年内分期到位，其中：注册资本在 100 万元以内的，首次投入注册资本必须在 30% 以上；注册资本超过 100 万元的，首次投入注册资本必须达到 50% 以上。

（34）以工业产权、非专利技术作价出资的金额可突破占公司注册资本 20% 的限定，但不得超过公司注册资本的 35%；以高新技术作价出资的金额，可不受限定。

（35）冠以"拉萨"字号的集团公司在申请登记注册时，核心企业注册资本可降低到 1500 万元人民币，子公司可减少至三个，集团公司注册资本可降低到 3000 万元人民币。

（36）非法人企业在申请登记注册时，不需提交验资报告。"三资"企业注册资本到位后，在年检中不再提交会计年度审计报告。

6. 其他政策

（37）在开发区投资形成固定资产 10 万元以上的投资者，凭有关部门的投资证明，按下述办法办理落户手续：本人、配偶及子女均为非农业常住户口的，根据个人意愿，办理在开发区落户。本人或配偶、子女为农业户口的，解决本人或配偶、子女的西藏自治区蓝印户口，在藏工作或居住满三年后转为非农业常住户口。

（38）凡一次性投资 1000 万元人民币以上的企业，或注册在开发区，注册资金在 3000 万元人民币以上的企业，可解决部分员工农转非户口，免征城市增容费或类似增容的费用。

（二）计划生育优惠政策

西藏自治区规定：藏族和其他少数民族干部、职工和城镇居民，提倡一对夫妇生育两个孩子。对农牧区的少数民族农牧民只提倡优生优育、晚婚晚育，不限定生育胎数；如有自愿实行计划生育的，给予技术指导。

自治区还对 4 个地市、12 个县农牧区"一孩、双女"户困难家庭扶助制度进行试点工作，加强政策研究，使党和政府为民制定的优惠政策能够落实到农牧民群众中去。

在柳梧村我们了解到，按照规定，一般生完三个孩子，就要做绝育手术，但在笔者的调查过程中，问及想要几个孩子时，46 户问卷全部回答是一到两个，原因一般有：现在养一个孩子很困难，花费太大。问及想要男孩还是女孩时，46 户问卷全部回答：生男生女一个样。这说明该村的生育观念有了很大的改变。

第四节　柳梧村村民自治工作

一　自治区基层政权建设的变迁情况

村（居）民委员会是基层群众性自治组织，是党和国家联系人民群众的桥梁和纽带，基层群众性自治组织建设得好坏直接影响到基层的稳定和经济的发展。全区开展村民自治活动以前，村委会下设的各个组织不健全，一些村委会基本处于瘫痪、半瘫痪状态，基本失去了应有的凝聚力和战斗力。通过开展村民自治活动，建立健全了村委会下设各工作委员会，并形成了以村委会为中心的强有力的基层组织，有力地促进了农牧区"三个文明"建设。

1999 年，为了深入贯彻落实党的十五届三中全会和《中共中央办公厅、国务院办公厅关于在农村普遍实行村务公开和民主管理制度的通知》（中办发〔1998〕9 号）精神，加强农牧区基层民主政治建设，深化村民自治，扩大基层民主，保障广大农牧民群众民主管理、民主监督的民主权利，自治区人民政府颁布了《西藏自治区村务公开民主管理实施办法》（以下简称《实施办法》），提出了"五规范、一满意"的要求：规范公开内容；规范公开程序；

规范公开时间；规范公开的形式；规范公开管理；公开的结果达到群众满意。《实施办法》施行以来，以民主选举、民主决策、民主管理、民主监督为主要内容的村民自治制度逐步落实。为了总结村民自治的经验，使农牧区基层民主实践不断深化，1999 年 10 月，西藏自治区召开了第一届村民自治工作经验交流暨表彰会议。会议表彰了 20 个县（乡、村）为全自治区村民自治工作先进集体，以及 20 个村民自治工作先进工作者。这次会议之后，在各级党委政府的高度重视下，全区掀起了开展村民自治实践活动的高潮，经过几年的发展，各地在完善制度、规范程序、扩大民主等方面，取得了新的进展；村民会议、村民代表会议进一步得到健全。

2004 年 6 月，中共中央办公厅、国务院办公厅下发了《关于健全和完善村务公开和民主管理制度的意见》（中办发〔2004〕17 号，以下简称《意见》），这是一篇指导农村基层民主建设的重要文献。为贯彻落实中央指示精神，2004 年 8 月，西藏召开了全区第二届村民自治工作经验交流暨表彰会议。会议以《意见》为指导，阐明了当前做好村务公开、民主管理工作的重要性和紧迫性，提出了当前和今后一个时期健全村务公开、民主管理制度的一系列政策，为村民自治指明了方向。会议提出了"四个结合"、"三个提高"：把推进村民自治同加强农牧区基层组织建设相结合，同深化农牧区税费改革、化解村级债务相结合，同健全和完善农牧区财务制度相结合，同农牧区法制建设、推进依法治村相结合；提高农牧区党组织战斗力，提高农牧区参政议政能力，提高农牧区工作的管理能力。村务公开、民主管理工作的推行与规范运作，取得了良好的社会效果。

截至 2004 年底，全区已有 71 个县（市）、622 个乡（镇）、5591 个村开展了村民自治活动，分别占总数的 95.89%、91.07% 和 98.3%；涌现出全国村民自治示范县 3 个、全区村民自治模范县 4 个、全区村民自治达标县 21 个、村民自治模范乡（镇）33 个、达标乡（镇）194 个、村民自治模范村 157 个、达标村 1400 个。以民主选举、民主决策、民主管理、民主监督为主要内容的村民自治制度进一步得到完善。

二 柳梧村村民委员会特点

（一）行使选举权，当家做主人

村（居）委会换届选举，是发展社会主义民主的基础性工作，是健全和完善村务公开民主管理的前提条件。1993年，自治区开始了首届村（居）委会换届选举。为了确保这次换届选举取得成功，选举工作坚持"五公开"、"二不二直接"的办法。"五公开"即公开选民名单、公开选举名额、公开候选人名单、公开选举程序和具体规定、公开候选人得票情况和选举结果；"二不二直接"即不包办代替，由村民直接推荐候选人；不划框定调，由村民按照法定程序直接进行投票。这次换届选举取得了圆满成功，为以后的选举积累了经验、提供了方法。

截至我们调研时，村（居）委会换届选举工作已先后完成了五届，在换届选举过程中，严格依照法律、法规，坚持公平、公正、公开的原则，由村民直接选举产生村委会，真正把群众拥护，思想好、作风正、有文化、有本事，真心实意为群众办实事的人选进村民委员会领导班子。在我们所发的问卷中，有这样一个选择题，"你觉得担任村干部的最重要因素是：①政治上有靠山；②经济上财大气粗；③有较强的组织领导能力；④有较强的宗族家庭势力支持；⑤其他"，在46份问卷中，只有2户选②，其余的都选择了③，即有较强的组织领导能力，这说明柳梧村的村委会确实是得到群众维护的。

与此同时，群众的民主法律意识增强，参与选举的积极性逐年高涨。广大选民不仅熟练地掌握了选举的程序和步骤，而且积极参选和监督选举，充分行使自己的民主权利。在问卷中，"你参加历届的民主选举吗？①积极参加；②参加；③不参加；④其他"，选择①积极参加的有30户，选择②参加的有16户，这说明村民们都参加选举。

（二）实行民主决策，建立和完善村民会议和村民代表会议制度

柳梧村的重大事项，尤其是与家家户户切身利益密切相关的事情，都实行民主决策、依法办事。凡是涉及村里重大事项或村民切身利益的问题，如征地、补偿款、拆迁或是集体经济项目的承包方案等均经全体村民会议或村民代表会议讨论，极大地调动了村民参与的积极性。在调查过程中，我们恰逢当地的望果节。在准备望果节的过程中，村委会召集各组组长和一些年龄较大的人开过两次会议商讨有关情况，充分发扬了民主决策的精神。

（三）实行民主管理，保障群众的民主权利

柳梧村由村民参与制定《村规民约》、《村民自治章程》等管理制度，把民主管理落实到各项村务活动中，使干部

管理有依据，村民守法有章可循，成为干部、群众共同遵守的行为规范。村民由过去单纯的被管理者变为既是被管理者，也是管理者，主人翁地位得到了真正落实。

（四）实行民主监督，保障村民的知情权

通过建立村务公开制度，把村中事务、财务收支、义务工投入、村干部出勤等向群众公开。村里成立"理财小组"或"财务监督小组"，对本村的重大财务事项进行监督。每年底，各村都要对本村干部一年来的工作进行评议。这不仅增加了村委会工作的透明度，促进了村干部的廉政建设，同时也改善了干群关系，对社会的稳定起到了积极的作用。在我们住的村委会里，有一个公事栏，全用藏文书写，内容是村里上个月的财务公开情况，我们可从中看出该村村委会工作的透明度，并接受广大群众监督。

（五）发展集体经济，壮大村委会实力

针对群众的生活富裕了、集体观念却淡薄了、村办集体经济基本处于"空壳"的实际情况，柳梧村通过开展村民自治活动，利用当地的资源优势，积极寻找新的生产门路，大力兴办村集体经济。在征地后柳梧村很多家庭都买了车跑运输。针对上述实际情况，为避免因揽生意而产生的矛盾，柳梧村专门成立了"柳梧村车队"，采取自愿加入的方式，由二、三组组长做车队队长，统一管理，统一揽活。在干活的过程中，采取多劳多得的方式，这样不仅可以缓和矛盾，还可以维护村民的合法权益。通过征用集体土地的补偿，出租集体土地和沙场等，村委会手中有了钱，积极为村民发展公益事业，帮助贫困户解决温饱问题。柳

梧村每年仅慰问贫困户的费用就达 3 万 ~ 4 万元，这也使村委会的凝聚力和战斗力明显增强。

总之，开展村民自治活动，有力地推进了基层民主政治建设和基层干部勤政廉政建设，促进了农牧区的经济发展和社会局势的稳定。

第三章 柳梧村经济发展

　　在西藏和平解放前，柳梧村的经济非常落后，村民受到三大领主的残酷剥削，过着饥寒交迫的生活。西藏和平解放后，在党中央和国务院以及各级党委、政府的亲切关怀和大力支持下，农村经济得到了长足的发展，形成了以农为主、以牧为辅的产业经济结构，并且较早地解决了温饱问题。但对于东嘎、桑达等地方而言，柳梧村的经济发展相对滞后。随着青藏铁路拉萨火车站选址定在柳梧村及其后续进行的大规模基建和征地活动，柳梧村经济得到跨越式发展。特别是自治区政府审时度势，抓住拉萨火车站建设这一契机，于2004年成立了行政级别为县处级的柳梧新区筹备委员会，后又于2007年4月将其升格为具有县处级行政职能的柳梧新区管理委员会，准备把柳梧村建设成仅次于城关区、具有副中心地位的新城区。拉萨火车站的建设及其通车与城镇化的骤然加速，使柳梧村的产业结构、收入结构发生了重大变化，形成了以服务业为主，农牧业为辅，采掘业、建筑业将异军突起的大好局面。

第一节　柳梧村第一产业

一　农业条件

（一）自然条件

柳梧村位于拉萨市城关区和拉萨河南岸，东、西、南三面环山，形成了一个向北开口的半圆形。该村属于堆龙德庆县的东南河谷开阔形地区，海拔约为 3650 米。这里属于高原性气候，日照时间长，阳光充足，昼夜温差大，年均气温为 15.3℃，最高气温为 23℃，这里年均降水量为440 毫米，降雨多集中在 6～9 月份，正是农作物生长旺盛的季节。全年年均无霜期为 139 天，最长为 159 天。

柳梧村北临拉萨河，村的北部属于宽谷地带，由拉萨河冲积形成，土壤肥沃，环山靠南地带表层的土壤多由山体滑下的沙子和碎石覆盖，难以耕种。该村土壤种类很多，有褐色冲积土、山地褐色土、洪积碳酸褐色土、残坡积碳酸褐色土、红土质碳酸盐褐色土、山地棕壤土、山地草甸棕壤土等。各种土壤的具体分布和特征如下。

（1）褐色土壤：占全村耕地的大部分，主要分布在拉萨河水系，海拔在 3700 米以下，包括碳酸褐色土和不含碳酸的山地褐色土。碳酸褐色土中，可分为以下五种：①红土质碳酸盐褐色土，占耕地的主要部分，土层厚，保水保肥性能好。②洪积碳酸褐色土，在柳梧村的东南面有部分分布，土层相对较厚，保水保肥性能较好。③褐色冲积土，土质为沙土和沙壤土，土层较薄，耕作层浅，土多石砾，保水保肥力差。④残坡积碳酸褐色土，其中有紫红土，透气性差，但保水保肥力强。⑤山地褐色土，靠村南面有较少分布，其中石渣土土质为褐土夹石渣，耕作层较薄，肥力差。还有淋钙土，土质多为黄沙土，土层较厚，有一定的保水保肥力。

（2）山地棕壤：多分布在海拔近3700米的山谷阴坡，土质多为岩石碎屑的残留物，包括山地棕壤和生草棕壤。其中以残坡积碳酸褐色土、山地褐色土和山地草甸棕壤土土层较厚，保水性强，适宜农耕。2002年铁路建设和新区建设征地前，全村共有耕地5368.78亩。

这种数量区位（也叫绝对区位）所决定的自然条件（见图3-1），使得柳梧村的物种适种范围受到限制，但对西藏整体而言，其相对区位还是优越的，适宜种植小麦、青稞、土豆、蔬菜和多种瓜果。

图3-1 柳梧村的自然环境（2007年8月6日 陈朴摄）

（二）水利设施

水是农作物生存的血液和农业发展的命脉。柳梧村农业用水主要来自拉萨河，部分来自村南部环山的小溪。拉萨河水量充沛，平均流量为 288 立方米/秒，河水受工业污染较少，含沙量也较低，每立方米仅有 0.11 公斤沙。

柳梧村农业发展除具有便利的自然水资源外，还具有较完善的水利灌溉设施，这些得益于各级党委及政府和联合国粮农计划署的大力支持。1989 年，联合国粮农计划署根据拉萨河河床的不断变化造成大片荒芜河滩的情况，提出了被称为"3357 工程"的拉萨河流域综合开发计划。依据这一计划，有关部门对拉萨河流域四县一区的 23 个区域进行治理，由联合国粮农计划署提供资助，项目由拉萨市农业综合开发局领导。

经过专家论证，拉萨市农业综合开发局在堆龙德庆县选定柳梧和桑达两个开发点，对辖区内的拉萨河沿岸地区进行治理和开发。为此，堆龙德庆县成立了"3375 工程"办公室，负责全面规划和执行工作。经过多年努力，两地于 1993 年先后完工，达到预期目的。以柳梧工程项目为例，该工程地处拉萨河南岸的柳梧乡，年平均降雨量 432.2 毫米，但年蒸发量 2104.6 毫米，干旱多风，属高原性风沙地带。通过"3375 工程"的开发，建成进水口一座，新修和改建主干渠 19.97 公里，渠系建筑物 58 座，水闸 16 座，田间道路 6 公里，打井 26 眼。其中，以引用河水形成的八大主干大渠之一的柳梧进水口是第二大进水口，流量 3 立方米/秒，渠长 1800 米，可灌溉面积 2700 亩。依靠建成的水利设施，扩大保浇农田 201 公顷，人工造林 75 公顷，动用土石 299789 立方米，接受联合国粮农计划署援助粮食 200万公斤，黄油 2.45 万公斤。该项工程完工后，不仅因灌溉状况改善带来农田增产，也因为大片防风固沙林的种植，改善了拉萨河滩的小环境气候。除了"3375 工程"外，1999 年自治区水利厅投资 100 万元，自治区农业开发局投资 100 万元，堆龙德庆县投资 40 万元，总投资 240 万元，在柳梧乡兴建应用现代喷灌技术的节水工程，代替了传统的漫灌方式，把灌溉效益提高到了新的水平。2000 年柳梧乡又对柳梧水渠进行维修，维修长度达到 3500 米。这不仅对粮食增产和农民增收具有重要意义，对多风少雨的柳梧乡的农田建设和生态改善来说，也具有不可估量的意义。

（三）作物品种

在柳梧村土地未被征用之前，种植的作物品种大致分为以下几大类，即粮食作物、油料作物、蔬菜和少量的瓜果。

青稞是传统的粮食作物，品种有紫青稞、白青稞、花青稞和六棱青稞等。这些品种种植历史悠久，具有适应性、中晚熟、品质好等优点，但产量偏低。20 世纪 70 年代，西藏先后引进昆仑一号、矮秆齐等品种。昆仑一号耐水肥，抗倒伏，产量高，但不耐贫瘠，抗病力差；矮秆齐幼苗生长快，株形紧凑，生长整齐，抗倒伏，抗菌素病，成穗率高。20 世纪 90 年代，县农业局为改变青稞品种老化、混杂严重、品质低下和产量不高的状况，逐步推广了藏青 80、藏青 148、藏青 311、880342、853258、QB01、QB16、QB24、QB25 等新品种。就柳梧村来说，村民种粮积极性一直较高，基本上能够听从农业主管部门的号召，适时更换老品种。

小麦（见图 3－2）分为冬小麦和春小麦。春小麦有本地春麦、南大 2419、阿波小麦、青春一号、渭春一号等品种。本地春麦抗病，耐贫瘠，适应性强，属中熟良种；南大2419于1965年引入，耐肥，抗倒伏，品质好，但耐旱耐寒能力差；阿波小麦在1966年引入，耐肥，抗倒伏，但易感染条锈病；青春一号于1972年从甘肃引进，适应性强，产量稳定，但抗病力差；渭春一号于1984年从甘肃引进，耐肥，抗病，产量高。冬小麦是20世纪70年代大量推广的品种，其主要品种有：西藏肥麦，1974年从四川金川、小金县引进，耐肥，耐寒，抗旱，抗倒伏，大粒多，产量高，但生长期长，易感染秆锈病和白粉病；泰山一号1977年从山东引进，耐寒，抗旱，适应性强，早熟，抗病；径引18号1979年从四川墨水县引进，耐贫瘠，抗旱力强，但丰产性不及肥麦。20世纪90年代以来，县农业局又推广了90—11、90—2、92—66、94—22、FY—8等优良品种，同时还积极向农民推广种植从德国引进的优良新品种，如增腾斯、巴萨特、塔休和匹克萨斯等。其中很多新品种，柳梧村民都有不同程度的种植。

图3-2　即将收割的小麦（2007年8月6日　陈朴摄）

油料作物仅有油菜一种，但品种繁多，除本地早有栽种的品种外，还有新品种如门源、奥罗和藏油1号、藏油2号、藏油5号、藏油10号、234、83—258等。门源油菜在20世纪70年代从青海引进，早熟耐寒，喜阴湿，适应性强，出油量大，达到47.9%。奥罗油菜在20世纪80年代从四川松潘引进，抗旱，耐寒，产量稳定，抗病能力强，耐肥，秆高，适宜于混合种植。其余品种在近年来引进，有些已经得到推广，有些仍在实验阶段。柳梧村近些年来种植油菜的面积及其所占种植比重逐年减少、降低。

柳梧村土地未被征用前，蔬菜种植一直以土豆为主，也种植一部分大白菜、小白菜、萝卜、圆白菜、芜青、葱、蒜等。但近年来，有些四川人在柳梧村及其附近租田进行大棚菜种植，使得蔬菜品种大量增加，主要有莴苣、茄子、西红柿、青椒、四季豆、荷兰豆、菜豆、油白菜、花菜、西芹、菠菜、韭菜、香菜、大葱、胡萝卜、南瓜、空心菜、青头萝卜等。但柳梧村的蔬菜种植相对于附近的桑达等村来说，其大棚菜发展历史和发展势头还处于劣势，农民在城市化过程中种植经济作物的积极性不足，主要还是靠外地人在柳梧村租地零星种植。

二　土地制度变迁

（一）西藏和平解放以来土地制度变迁

西藏和平解放前，农业长期置于三大领主的控制之下，处于凋敝的境况。农奴没有土地，只好向领主领种差地，或在庄园充当佣工，遭受领主盘剥，过着极为贫困的生活。这些领种土地的差户，承担了庄园自营地的耕耘、播种、收割的大部分工作，以作为租地的代价。由于承担的劳役地租过重，农奴所耕的小块土地难以维持生活，向领主借债是农奴赖以生存的唯一出路。

1959 年，西藏政府在堆龙德庆县实行民主改革，废除了农奴制，废除了农奴的债务。政府把领主的土地赎买或没收后分配给农奴，农业体制发生了历史性的转变。

1966 年，堆龙德庆县实行人民公社化，全县成立 15 个人民公社，后来又分成 35 个人民公社。公社下辖若干生产队，以生产队为核算单位，生产队的规模从几户至二三十户不等。当时柳梧村是一个公社，相当于现在的乡这一行政单位。由于分配上的平均主义，对劳动者的劳动所得重视不够，加之缺乏管理，吃大锅饭，粮食增产速度减缓。

1978 年，为了消除大锅饭的弊端，堆龙德庆县开始逐步实行"两包两定一奖"责任制，公社生产队包土地、包产量，定劳力、定工具，超产奖励。劳动管理实行"三定"，即生产队给社员定基本口粮标准，一般占社员分配粮的 60%；定基本劳动日，即男工 210 天、女工 180 天；定投肥任务。田间管理实行"五定"，即定管理面积、定产量、定劳动力、定工分、定时间。分配实行"两包三定"，即区对公社在分配上实行包土地、包粮食，定集体提留、定国家征购、定社员分配。在此基础上，陆续实行分组作业和联产计酬责任制。到 1981 年，全县全面贯彻了这些政策。柳梧村于 1979 年实行了上述管理体制。

1983 年，在堆龙德庆县的广大农区，开始实行"包干到户，以户为经营单位"的家庭联产承包责任制，把各村的土地按优、劣定出等级，然后依据"牧二、人八"的比例，承包给各农户自主经营。过去的人民公社体制，通过这一改革，自行消亡。但村委会根据各户土地情况，抽取一定数量的"集体提留"，供五保户、村干部、民办教师的生活补贴开支。

值得一提的是，1980 年柳梧村和整个西藏其他地区一样，国家实行免收农业税政策，农民负担进一步减轻。从此，20 世纪 60 ~ 70 年代实行的"一大二公三集体"为顺序的粮食分配政策走到了尽头。

1984 年，中共中央召开了第二次西藏工作座谈会，进一步确立了"土地归户使用，自主经营，长期不变"和"以家庭经营为主"、以"市场调节为主"的农业发展政策。该项政策一直沿用到 2004 年，有力地促进了农业发展。

2002 年开始，柳梧村耕地因为修建青藏铁路而被征用，全村农民已基本失去用地。

（二）土地承包情况

1979 年，柳梧村实行了以组为单位的承包责任制，从而在一定程度上促进了农业生产力的发展，但这种体制未能打破平均主义的局面。1983 年，柳梧村全面实行家庭联产承包责任制。从此，农民有了属于自己的土地，农民的主人翁责任感前所未有地高涨，发展农业生产、改进农业耕作技术的积极性得到了全面提高。同时，近 20 年来，许多村民承包了村集体的土地，主要是一些农田和旱地。

（三）建设征地情况

我们调研的新村属于二、三组，共 129 户、502 人，两组原土地面积为 1784.43 亩，其中被铁路（见图 3 - 3）建设征 1615.929 亩，被新区建设征用 168.501 亩。

图 3 - 3　被征的土地上已建起漂亮的拉萨火车站

（2007 年 8 月 6 日　陈朴摄）

三　改革开放以来发展农业的措施

（一）土壤改良

堆龙德庆县的耕地改造分为以下几个阶段：20 世纪 60 年代，以开荒扩大耕地为主；20 世纪 70 年代，以坡地改梯田、加厚土层和平整土地的农田改土为主；20 世纪 80 年代，除实行了部分农田填土补厚外，耕地改造处于停滞状态；进入 90 年代，推行"沃土工程"，耕地改造进入新阶段。

化肥、农家肥和水利工程的修建是沃土工程的重要组成部分。据村干部介绍，以前，村民农耕基本上以农家肥为主，化肥为辅。但近年来，柳梧村的畜牧业受城镇化的影响，放牧地数量骤减，因此农家肥也相应减少。现在以化肥为主，农家肥使用比例很小，很多家庭基本上不用农家肥。在水利工程方面，2000 年，柳梧乡维修了 3500 米柳梧水渠，因此，柳梧村的水利灌溉设施比较方便。

　　另外，据村干部介绍，20 世纪 80 年代中期到 90 年代中期，柳梧村许多村民在政府的引导下，施植绿肥，大大地促进了土壤肥力。

（二）农业新技术的推广

　　1977 年，县成立了农科所，由 8 名农技干部组成，重点在农区开展农技推广工作，并成立了县、乡、村三级农科网络组织。1985 年，农科所改为农业技术推广站，工作重点转为新技术试验、示范和推广，并在六个乡镇设立了工作站。1994 年，农业科技推广站改为农牧科技局，附属于农牧局，全面开展和推广农牧技术工作。1999 年，堆龙德庆县被评为全国农业科技推广示范县。

　　进入 20 世纪 90 年代，堆龙德庆县政府在发展农业上，提出了三大基础工程，即沃土工程、种子工程和农机工程，借以促进该县农业经济的发展。经过长期努力，柳梧乡也取得了可喜的成绩。据 2000 年统计，全乡 9399 亩耕地中，机耕面积达到 85％，机播面积达到 26.6％，有效灌溉面积达到 90％。据村干部介绍，进入 21 世纪以来，柳梧村耕地面积越来越少，而且弃耕现象非常普遍，但是耕作机械化程度在不断提高，2006 年全村基本上采用了机耕。堆龙德庆县种子工程的主要内容是使用良种和防治虫害。数十年来，县农业科技人员，把选育高产、优质的品种和防止品种退化作为主要工作。2000 年，所有的青稞、小麦已实现良种化。据乡干部介绍，为防止病虫害，现在的种子都采用了药物处理的包衣技术。

　　在牧业方面，早在 1983 年，柳梧乡开始黄牛改良工作，即用外来冷冻的优良品种的公牛精液与当地的母牛配种产生新一代黄牛，产奶量多，体格肥大。近年来，柳梧村在政府的资助下引进了部分犏牛（优良公牦牛与母黄牛交配的后代）。

不过，目前柳梧村耕地已基本被征用，农业种植基本终止。

四 柳梧村发展农业面临的主要问题、有利条件和路径选择

由拉萨火车站建设和柳梧新区筹建带来的外生力量推动的强制性社会变迁，既给柳梧村的农业发展带来了"阵痛"，也带来了机遇。当地党政部门、农业主管部门、柳梧村委会及柳梧村民只要坚定信心，把握趋势，认清柳梧村发展农业面临的主要问题、有利条件，紧紧围绕转变农业结构调整这一主线，大力推进科技兴农，就能实现农业的跨越式发展。

（一）柳梧村农业发展面临的主要问题

1. 耕地面积减少

土地是农业发展的基础。目前，柳梧村全村仅剩678.13亩土地。其中该村的二、三组共129户，502人，两组原土地面积为1784.43亩，其中铁路建设征用1615.929亩，新区建设征用168.501亩。

2. 种植技术落后

历史上柳梧村农业发展格局一直是"以农为主、以牧为辅"。在农业方面，又是以种粮为主，油料作物和蔬菜作物为辅。在种植蔬菜方面，柳梧村民一直以种植土豆和萝

卜为主，适量种植一些大白菜。因此，普通柳梧村民只掌握一般的种粮和放牧技术，对发展以大棚菜、花卉、瓜果为主的城郊农业，不仅概念模糊，而且技术落后。到目前为止，柳梧村还没有本村人进行大棚菜种植。

3. 组织保障能力差

柳梧村发展城郊农业缺乏组织的政策保障和资金保障。到目前为止，农业主管部门还没有对村民有组织、有系统的大棚菜种植、花卉栽培和瓜果种植进行培训。柳梧乡党委、乡政府及柳梧村委会也没有把发展城郊农业提到议事日程上来。为解决城镇化过程中带来的三农问题，柳梧村将主要精力用在发展服务业上。据村委会书记介绍，村集体的6500多万元存款将用于新区为柳梧村预留的50亩商用土地建设。另外，柳梧村至今还没有专业农业协会，农民依然各自为政，自产自销，把少量剩余农产品拉到拉萨市去零售。

4. 农民发展城郊农业的积极性不强

近年来，柳梧村部分村民依托离拉萨市区近的优势，在旧货市场上做起了生意，收入比较可观，多的可以达到年纯收入十多万元。特别是随着拉萨火车站建设和新区建设，很多村民跑起了运输，包括跑公交，也有部分村民开起了茶馆、小商店和旅店。从事这些行业需要一定的文化素质和对外交往能力，尤其需要普通话使用能力；而从事农业，技术相对容易掌握，对文化素质要求相对较低，尤其对普通话使用技能要求不高。但很多没有知识和技能、既不会开车又不会讲普通话做生意的村民，多处于失业状态。他们普遍存在"等、靠、要"的思想。他们等着政府安排工作；想依靠政府改变失业现状；想向政府要生活保障。他们中很多人还没正视自身素质劣势和发展城郊农业的区位优势，因此发展城郊农业的内生积极性不足。

（二）柳梧村发展城郊农业的有利条件

虽然拉萨火车站建设和柳梧新区筹建给柳梧村发展农业带来土地数量的约束等问题，但在城镇化过程中，柳梧村发展城郊农业仍然具有许多有利条件。

1. 区位优势

区位优势是柳梧村及柳梧村民发展城郊农业的最大优势。柳梧村是拉萨火车站所在村，距拉萨市区仅有一河之隔，随着柳梧大桥于 2007 年 5 月 1 日通车，从柳梧村到拉萨市区仅需 10 分钟的车程。特别是随着新区开工建设，外来人口、工商企业、行政事业单位数量剧增，市场就在村里的格局势必形成。杜能的农业圈理论指出，农民会根据土地距市场的距离，在土地使用机会成本和农产品运输成本之间寻找协调点，最终形成以城市为中心，围绕它而形成不同农业结构种植圈。根据该农业圈理论，在城郊应该发展高附加值的城郊农业，适宜种植花卉、蔬菜和瓜果等。优越的市场区位给柳梧村和柳梧村民发展城郊农业提供了独特的市场空间。特别是正在形成的新市场，为柳梧村的农业结构调整带来了历史性的机遇。

2. 优越的种植条件

柳梧村日照时间长，阳光充裕，长年气温较高。剩余未被征用的 678.13 亩土地肥沃，保水保肥性好，耕种历史悠久。水利灌溉设施便利，用水方便，且地势比较平坦。优越的种植条件为柳梧村发展城郊农业提供了坚实的基础条件。

3. 资金优势

根据乡干部介绍，柳梧村是整个西藏自治区最富有的村，2002 年以来由于拉萨火车站建设和柳梧新区建设三次征地，相关机构一共给柳梧村征地款 1.3 亿元，平均每个村民 9.37 万元左右，另外还有部分村民取得了数额不小的房屋拆迁款，除去购买政府统一新建的一栋 170 平方米的新村房子之外还有余。另外，近年来大量村民跑运输、做生意、开茶馆，积累了一些资金。优越的资金条件可以为部分处于失业或半失业状态的村民集约开发剩余土地或让这些村民到邻近的桑达等村租用土地，发展规模城郊农业。

（三）柳梧村发展城郊农业的路径选择

根据柳梧村及柳梧村民发展农业面临的主要问题和有利条件，柳梧村趋利避害，以调整农业生产结构为主线，大力发展城郊农业，集约利用土地；努力拓展市场；争取政府支持，促进柳梧村民收入的可持续增长。

1. 转变农业结构，大力发展城郊农业

前几年，很多村民因为有了土地征地款，花费较大。但很多无技能又不懂汉话不会做生意的人面临着无收入或低收入的困境，根据相对收入假说，消费总是具有棘轮效应和示范效应。柳梧村目前的生活条件和生活成本使得很多村民无心种田。因此，只有转变农业种植结构，推广附加值高的城郊农业，才能促进村民就业和收入的持续增加。根据市场的需求状况，柳梧村应该大力发展无公害绿色大棚蔬菜、花卉和瓜果类农产品。

2. 政府扶持

对柳梧村来说，它的城郊农业刚刚开始发展，需要政府的支持和指导。针对柳梧村的现状，政府部门和农业主管单位要做好以下三方面的工作。

首先，政府要对城郊农业发展提供资金支持。种植大棚蔬菜、花卉及瓜果不同于传统农业，其前期投资巨大。据笔者调查，在西藏建一亩蔬菜大棚需要 1 万~2 万元，相似规格和质量的大棚建造费用大概是内地的 3 倍。如考虑冬天积雪对大棚的压力，其使用寿命不如内地的大棚，大棚顶部每年必须换一次。因此政府部门要通过多渠道加强对农户的资金支持。一方面，可以利用新农村建设等项目资金向城郊农业方面倾斜，或拨付专用专款促进城郊农业的发展；另一方面，政府利用自身信用为农户担保银行信贷。

其次，农业主管部门要加强技术扶持力度。一方面，举办关于大棚蔬菜、花卉和瓜果种植的专门培训班，聘请专家讲授实用种植技术；另一方面，派科技人员长期下乡跟踪指导，提供从田间到市场的全程服务。

最后，政府部门和农业主管部门要提供信息服务。对柳梧村民来说发展城郊农业还处于"摸着石头过河"的阶段，准确的市场信息、产品信息和技术信息不仅可以提升农民的自信心，也可以提高经营效益。

3. 组建农业专业协会，共享市场和技术信息

参照柳梧村村委会组建运输队的成功运作经验，组建一个由村委会牵头、农民为主体、专家为主导的农业专业协会，共同分享市场信息、技术经验，以集体的力量抵御市场风险。专业协会可以通过自身的信用，在市场上争取订单，扩大市场份额。

第二节　柳梧村第二产业

拉萨火车站建设和柳梧新区的筹建，使得柳梧村的基础设施建设突飞猛进。特别是 2007 年 11 月新区建设的开工，将为柳梧村的加工制造业、采掘业、建筑业打开异军突起的大好局面。

一　加工制造业

（一）总体概况

就目前而言，驻柳梧村的加工制造业主要是与建筑类有关的原材料加工业，如砖厂、水泥预制品厂、楼板厂等。柳梧新区管理委员会工商行政管理局的《2007 年上半年商户登记表》显示，驻柳梧村的加工企业共有 9 家。其中砖厂 3 家，有家较大型的砖厂叫黄刚砖厂，老板来自自治区外，注册资金为 18 万元。水泥预制品厂、预制构件厂、楼板厂共有 6 家，注册资金不等，最高的是昆仲水泥预制品加工厂，注册资金为 5 万元，最低的是鸿运预制构件厂，注册资金为 2 万元。这 9 家加工企业中，仅有一家老板来自自治区内（本村），一位叫阿都热玛的村民经营着他的柳梧区水泥预制厂，注册资金为 3 万元。

（二）经营项目

驻柳梧村的加工制造企业的经营规模还比较小，经营项目单一，主要生产建筑预制品。砖厂主要生产水泥砖和建筑副产品，水泥预制品厂主要生产下水道水泥盖、井圈、井盖、人行道地板砖、花坛水泥围栏以及建筑物的构件品。楼板厂则专门生产楼板。

(三) 经营业绩调查及分析

笔者调查发现，驻柳梧村的加工制造企业普遍未能达到各自预期利润。下面以一楼板厂来展开分析其原因。

其一，经营成本增加。该老板从 2007 年 4 月份开始在柳梧村经营楼板厂，他租用了村里的 20 亩荒沙滩地，五年租金 12 万元，自己盖了几间平房作为住宅，工地就设在房前的空地上。据该老板介绍，2007 年西藏许多建筑原材料价格都涨了。其中，沙子每立方米 20 元，碎石每立方米 30 元，水泥每吨 500 元，钢筋每吨 4200 元，电每千瓦时 1.2 元。据介绍，普通楼板宽度都是 0.5 米，厚度为 0.1 米，长度一般都是 3 米，每米楼板原材料成本为 16 元。除基本原材料价格较高外，还有许多经营成本也较高，税务费用每月 1100 元，工商费用每月 300 元（6 月份前为每月 240 元）。另外，据介绍，现在工人工资也有小幅上涨，除夫妻俩外，还雇佣了两位家乡的民工，包吃住及日常一切开销，每月上班约 20 天，工资 800 元。在工程紧张的时候，如启动搅拌机做水泥楼板的时候，得雇几个本村的民工，每天工资 50 元。

其二，需求量与预期相差甚远。柳梧新区大规模开工建设原本定在 2007 年 6 月份，由于各种因素，将推迟到 2007 年 11 月份。考虑到冬天 12 月份后基本处于大雪停工状况，所以，2007 年的工程进展会大受限制。而大部分驻柳梧村的加工制造企业就是冲着 2007 年 6 月份开工建设而落户该村的，项目的推迟给所有的加工制造企业致命一击。

该老板指着地面的 60 多块楼板说:"挤压的产品影响资金流动,现在处于资金融通困难的地步。"

其三,市场竞争激烈,降价和变相降价侵蚀利润空间。据老板介绍,以前每米楼板 24～25 元,现在由于需求不旺,竞争激烈,每米楼板降到了 23 元。除直接降价减少利润空间外,变相降价也侵蚀利润提成。现在卖楼板除要支付每块楼板 2 元运费外,卖方还得租用起重机把楼板吊到建筑楼层,视楼板多少而定,但成本每块不少于 2 元,这无形中增加了企业经营成本。

二 采掘业

(一) 经营概况

驻柳梧村的采掘企业经营单一,主要集中在采沙业务上,包括细沙和碎石。至今,进驻柳梧村的采砂场有 7 家,其中有 3 家是本村人开办的,4 家由区外老板开办。它们的注册资金都比较大,但多少不一,主要因为有些沙场企业租用挖掘机。注册资金最多的是永发沙石场,注册资金为 20 万元,最低的是在洪沙石场,注册资金为 7.5 万元。

(二) 经营成本

沙石场一般都雇佣 2～5 人,月工资在 1000～3000 元之间。除雇工支出外,沙场还得向村委会上缴 12 万元的 5 年使用租金。除此之外,矿务局、河道局还得收取一定数量的资源费、管理费和污染治理费用。同时,柳梧新区管理委员会工商管理局收取工商费用,税务部门收税。据本地一沙场老板的母亲介绍,每年她家沙场国家要收取 3 万元左右的费用。沙场一般都会买一辆挖掘机，据我们调查，挖掘机一般都买旧的。

（三）经营项目

沙石场主要采掘河道及山坡上的细沙和碎石。也有部分企业开始对石头进行精深加工，即把石头粉碎成比较均匀的小石块。在混凝土浇注和水泥预制品的制造过程中，这种做法有利于提高石头和沙子、水泥的黏合度。但是对石头进行更进一步精深加工的就没有了，如粉碎成粉刷碎石，磨成工艺石块。

（四）经营绩效

近年来，柳梧村及其周边进行了大规模的基础设施建设，兴建了拉萨火车站及其附属基础设施。北京市援建了贯通柳梧村南北的北京大道和柳梧新村，另外拉萨市也在大规模地进行基础设施建设。以基础设施建设带动的沙子和石头的原材料需求，促进了驻柳梧村采掘业的发展。据我们调查了解，驻村的所有沙场经营绩效都不错，视经营规模和经营情况而定，每个沙场每年净利润在五六万元到二三十万元之间。

（五）做强采掘业的建议

驻柳梧村的采掘企业由于得天独厚的区位优势，形成了日益壮大的发展势头和局面。采掘企业从人工挖掘到机器采掘和装货，经营规模日益扩大，业绩也蒸蒸日上。但是，柳梧村的采掘企业经营项目单调，经营方式粗放。可以预计在不久的将来，随着逐利行为的驱动，采掘业将面临激烈的竞争，除柳梧村沙石场数量会适度增加外，桑达等附近村庄也会兴起竞争。过度竞争必然会打压利润空间。为避免以上问题的发生，改善柳梧村采掘业大而不强的局面，笔者认为要着力做好以下几方面的工作。

（1）发展精深加工，延伸产业链。目前，驻柳梧村的沙场普遍都开采天然的沙子和碎石，经营品种单调，主要靠区位优势发展起来。为扩大其竞争力，进一步做大做强，沙场应该大力拓展经营品种和延伸产业链条。笔者认为：其一，要对粗石进行粉碎，使其符合建筑要求。据有关资料显示，相同大小的石块，经粉碎成的与天然的碎石块浇注的混凝土楼板的寿命大不相同，因为，粉碎后的石块表面失去了原有的光滑度，棱角更多，提高了与水泥、沙子的黏合度，相应地延长了建筑寿命并提高了建筑质量。其二，对石块进行磨制，使其变成工艺铺路石，提高利润空间。据介绍，柳梧村的石头硬度相对来说并不是很高，比较好加工和磨制。随着拉萨市城市建设由规模扩张向精品装饰的发展，对工艺铺路石的需求会越来越大，柳梧村可以抓住这一机遇，发展工艺石头精深加工业务。

（2）筹办采掘业协会。由柳梧村村委会筹建的运输协会给各位车主带来了丰厚的利益。同样，可以借鉴运输协会的经验和方法，筹建一个采掘业协会。通过协会的运作，争取和确保单个企业的利益：第一，协会可以集团的形式对外招揽项目和业务，催促回收账款；第二，协会可以避免内部之间竞相降价的恶性竞争；第三，协会可以提高对外谈判的分量，保持适度的卖方垄断力度，提高其利润空间。

（3）对引进新技术和新设备的企业给予资金扶持。石头精深加工业不同于原始开采业，需要一定的设备和技术，因此，政府部门和村委会要对引进新设备和新技术的企业提供资金融通便利和帮助。据介绍，碎石机和碎石场建设需要三四十万元的资金，工艺石磨制机的价格也不菲，对大多数刚从农民转变而来的企业主来说，进一步投资超出了他们的能力。因此，通过政府渠道帮助提高他们的资金融通能力尤为必要。

三　建筑业

近年来，柳梧村的建筑业蓬勃发展。2004 年，柳梧新村为 129 户拉萨火车站搬迁村的村民兴建了住宅。新村住宅是由建设部门统一设计的二层小洋楼，户型有 170 平方米、150 平方米和 130 平方米三种规格，每户都建有一个几十平方米的院子。这些小洋楼外由政府统一装修，楼内由自家装修。其中 1/3 的家庭为扩展建筑面积，在自家院子的一角盖起了厨房，面积在 20 平方米左右。

另外，电力部门根据柳梧新区的未来发展规划，兴建了可供四五万居民使用电力负荷的变电站。同时，教育部门和柳梧村委会联合新建了柳梧村完全小学。水务部门在柳梧新村兴建了水塔和自来水供应系统。

除国家兴建拉萨火车站及其他配套基础设施外，地方政府也兴建了柳梧客运站。柳梧村的北京大道气派壮观，设有标准四车道，主机动车道左右设有自行车道和人行道，在机动车主道与自行车道之间种有绿化带，人行道上铺有工艺地板砖。十字路口装有电子测速仪、红绿灯指挥系统并染有斑马线。

以上建筑都是由政府兴建或主导兴建的。随着柳梧新区的建设，新建项目越来越多，尤其是新区管理委员会以成本价为柳梧村预留了 50 亩商用土地，这为柳梧村提供了大好机遇，他们可以参与基础设施建设，或参与政府主导下的以工代赈项目，这些也推动了就业转型和收入增长。

第三节　柳梧村第三产业

第三产业是柳梧村的主导产业，柳梧村村民的主要收入来源于第三产业，发展第三产业也符合柳梧新区建设的定位要求，拉萨市政府准备把柳梧新区打造成商贸和物流中心。现阶段，柳梧村村民从事的第三产业主要是商业和交通运输业。

（一）商业

20 世纪 90 年代末期以来，有一些村民在拉萨市区旧货市场做生意多年，打开了村民从商的大门。他们一般从事油罐买卖、小农工具和一些民族特色产品买卖。特别是近年来，柳梧新区的开发大大提高了柳梧村村民从事商业活动的热情，许多村民开起了小茶馆、日用商店、家庭旅馆和修理店。柳梧新区工商行政管理局 2007 年上半年的工作总结显示，柳梧新区目前有个体工商户 80 户，从业人员 115 人，注册资金 837350 元。其中，自治区内个体工商户 19 户，从业人员 35 人，注册资金 8.3 万元。2007 年上半年新增个体工商户 18 户。个体工商户的增加，在一定程度上解决了部分失地农牧民的就业问题。商业的发展促进了村民就业和收入增加。据笔者调查（见图 3-4），本村人开的茶馆、小商品店等一般以夫妻店的形式，平均解决 2 个人的

就业。在收入方面，村里的小店收入不等，平均每家每年
1.5 万元左右，一些在旧货市场做生意的村民每年可赚取十
多万元。

新区工商行政管理局为鼓励村民积极从商，促进村民
就业和增加收入，免去本村从商村民的一切工商行政管理
费、注册费和证照成本费。值得一提的是自治区外个体工
商户的增加为新区的经济发展注入了新的活力，对新区的
建设起到了一定的促进作用。外地人开的商店、招待所、
小饭馆、修理店、馒头店平均每家接纳的本地人就业不足
1 人。

图 3-4 调研人员在柳梧村一家茶馆内作调研
(2007 年 8 月 5 日 陈朴摄)

（二）交通运输业

据村长普布顿珠介绍，到 2007 年上半年为止，柳梧村
村民约有汽车 230 辆，其中东风牌工程车有 85 辆，中巴客
车 46 辆，旅游客车 4 辆，大型挖掘机 5 辆，还有用于火车

站拉客的面包车（见图3-5）、的士车以及一些耕地、拉货两用的手扶拖拉机，部分村民还买了私家车用于做生意或作为生活用车。柳梧村村委会筹建的运输协会给各位车主带来了丰厚的利益。

东风工程车多数用于运输沙石，主要从柳梧村的七个沙场到各大建筑工地之间拉货。中巴车多跑301、302公交路线，每张票2元。旅游车帮旅游公司运送旅客，车主不直接卖票。大型挖掘机一般在工地里挖土方或在沙场里挖沙和上装沙石。据村干部介绍，每辆东风工程车每年可以赚取纯收入5万~6万元，每辆中巴车每年4万~5万元，出租车则为每个月600元左右。

柳梧新区大规模建设的开工，必然会带来商业和运输业的繁荣。柳梧村村民应该抓住形势，大力发展服务业，实现就业转型和收入转型。

图3-5　停在火车站等待拉客的柳梧村车队

（2007年8月7日　陈朴摄）

第四章 柳梧村社会发展

第一节 柳梧村人口

一 人口结构

（一）男女比例

堆龙德庆县 2005 年总人口为 43114 人，其中男性人口为 21129 人，女性人口为 21985 人。2006 年，柳梧乡人口为 4220 人，其中女性人口为 2119 人，男性人口为 2101 人。我们调查的柳梧村六个小组截至 2006 年底，总人口为 1690 人，其中二组、三组人口分别为 249 人、253 人。二组中 18 岁以上的人口有 160 人，三组 18 岁以上的人口有 177 人（见表 4 – 1）。2007 年，我们调查的 46 户家庭中，总人数是 236 人，其中，男性人口为 113 人，女性人口为 123 人（见表 4 – 2）。男女比例总体来说趋于平衡。

（二）年龄结构

我们调查的 46 户家庭中，总人数是 236 人，具有劳动能力的人数是 108 人，占总人口的 45.76%。赋闲在家的劳动力人数是 42 人，占总劳动力人口的 38.89%。在上学的人数是 68 人，老人共有 34 人。非劳动力占总人口的 54.24%。

表 4 - 1　2006 年柳梧村二、三组所调查的家庭人口、户数统计

家庭人口数（人）	户数（户）	百分比（%）
3	7	15.22
4	10	21.74
5	10	21.74
6	12	26.09
7	4	8.70
8	2	4.35
9	1	2.17

资料来源：家庭人口、户数均由村委会提供，百分比经过作者计算得出。

表 4 - 2　2007 年，柳梧村 46 户家庭人口年龄分布

单位：人，%

年龄段	人　数	占总人数百分比
0 至 18 岁	94	39.83
18 ~ 60 岁	108	45.76
60 岁以上	34	14.41
合　计	236	100

资料来源：年龄段、人数由作者于 2007 年 8 月在柳梧村调查统计所得，百分比经过作者计算得出。

从表 4 - 2 中我们可以看到，18 ~ 60 岁人口占 45.76%，成为构成所调查户的主要组成部分，这从侧面反映了该村的人口年龄以青壮年为主，具有很强的生产和创造财富的能力。

二　计划生育工作

人口问题从本质上讲是发展问题。控制人口过快增长，提高人口素质，改善生存条件，保护生态环境，促进经济发展，是人类共同的利益和愿望。由于西藏人口的发展有其独特的自然、历史和社会经济背景，西藏计划生育暂行管理办法规定："西藏试行坚持宣传教育、坚持优质服务、坚持自愿选择的原则，并实行计划生育与妇幼保健相结合，与脱贫致富相结合的方针，既注重人口数量，更要重视人口质量，促进人口素质的全面发展。"在西藏，由于人口密度低，计划生育采取了比较宽松的政策，故人口的增长率虽有减缓，但增幅仍高于全国平均水平。

西藏也提倡和鼓励晚婚、晚育，汉族按《婚姻法》规定的婚龄推迟三年以上结婚为晚婚，已婚妇女年满24周岁生育第一个孩子为晚育。自治区内藏族及其他少数民族按西藏自治区施行《中华人民共和国婚姻法变通条例》规定的婚龄推迟三年以上结婚为晚婚，已婚妇女年满22周岁生育第一个孩子为晚育。提倡有两个孩子的夫妇不再生育，严格控制第三胎。扶贫与计划生育相结合。加强婚姻登记制度，推广婚前体检制度，禁止近亲结婚。坚持避孕为主，推广综合节育措施。奖励少生和优生，堆龙德庆县机关企事业单位的女职工，实行晚婚晚育并领取独生子女证的，给予延长产假优待，干部、职工实行晚婚者，增加婚假一周。对实行节育手术的干部、职工按不同的手术情况，分别给予3天、23天、30天和50天的假期。

计划生育是中国的一项基本国策，它关系到国民经济的发展和人民生活水平的提高。西藏虽然地广人稀，但耕地面积少，我们调查的柳梧村二、三组，共有129户，常住人口502人，土地原面积为1784.43亩。其中，被征用1615.929亩，被新区建设征用168.501亩。目前，两个组所有土地被铁路和新区建设征用。从耕地少这一点来说它与全国的情况是相同的。我们调查的 46 户中，在西藏的计划生育工作中总体来说还是比较先进的，农牧民对计划生育有了一定的认识，实行计划生育已成为大部分育龄妇女的自觉行动。我们调查的 46 户家庭中，总人数是 236 人，具有劳动能力的有 108 人，学生和老人分别为 68 人和 34 人。每户平均人口为 5.13 人，也就是说一个五口之家，平均小孩人数为 2.13 人。据我们统计，其中有 2 个小孩的家庭有 36 户，有 3 个小孩的家庭有 8 户，有 1 个小孩的家庭只有 2 户。

第二节　柳梧村的贫富差距问题

一　职业分类

柳梧村在修建青藏铁路之前，大部分村民都从事农牧业。柳梧村在没有搬迁之前家家都养牛养羊，最多的一户曾经饲养 600 多头牛。饲养品种包括牦牛、黄牛、奶牛，这些牲畜主要用来自用，很少用于销售，属于西藏传统的养殖方式。虽然离拉萨很近，但养殖观念却没有多少改变。搬迁之后全村几乎很少有养殖的，畜牧业几乎为零，在调查的 46 户中有 10 户还养有牛羊，不过这 10 户每户只有 1 ~ 2 头牛或 1 只羊。截止到我们调查的时候全村一共有牛 23 头、有羊 2 只，养殖方式为有牛羊的家庭轮流放牧或散养，所谓放牧就是在村边附近有草的地方随便放养。当问到饲养的用途时，回答是习惯性的养殖或者养着用来喝奶，不过大部分家庭都准备卖掉剩余的牛羊。新村不养牛羊的原因有：第一，现在的新房没有牲畜圈，无法养殖。第二，没搬迁之前可以种地，小麦秸、青稞秸能用来喂牛羊，现在地被征用，牛羊没有食物，这也是最关键的。

现在柳梧村的村民主要从事的行业有运输业、服务业、商业等第三产业，这说明当地农民在失去土地之后，开始转变观念，增强了发展理念，从单纯的农业生产转向经商务工，由单一的种植业收入转向多渠道创收，使失地农民开始积极投身于市场竞争中去。

二　贫富差距

柳梧新村的贫富差距问题经历了"贫富差距大——贫富差距小——贫富差距又大"这样一种过程。这一过程的临界点就是 2004 年搬迁后补偿款到位时。没有征地以前有一部分村民就已经在跑运输和做生意创收，搬迁前有具体收入的有 10 户，占所调查户数的 22%，这部分人是随着改革开放的政策先富裕起来的。2004 年征地补偿款发放之后，当时村民的贫富差别不是很大。到我们调查时为止，有的家庭因为没有工作和收入来源，只能用征地补偿款维持日常消费开支。这一部分人面临着再次返贫，而另一部分人用征地补偿款买了车或自己跑运输或参加村里的车队（村里成立了车队，由专人负责，统一经营，统一管理），这一部分人通过跑运输也逐渐富起来，所以贫富差距又再次拉大。

在我们调查的柳梧新村 46 户中，大部分是有收入来源的，搬迁后无收入户为 8 户，占调查户数的 17.3%；家庭年平均收入低于 2000 元的有 14 户，占调查户数的 31%；家庭年平均收入超过 5000 元的有 25 户，占调查户数的 54%；家庭年平均收入超过 10000 元的，有 14 户，占调查户数的 31%；扣除生产消费支出有积累的 23 户，占调查户数的 50%。搬迁前有具体收入的有 10 户，占调查户数的 21%，主要是从事手工业，个别是用拖拉机跑运输，还有就是做些生意。在调查的 46 户中，劳动收入的来源：①开货车跑运输，主要在建筑工地拉建筑材料产生收入；②由中巴客车跑公交线路产生收入；③小型客车（捷达等类型）在火车站拉送客人，这一部分的收入较少，每月纯收入也只有 600 多元；④在火车站打一些零工，这一部分是很少的，全村官方数据也只有 15 户，调查数据是 9 户；⑤开甜茶馆创收；⑥开沙场。

个案 4-1 柳梧村村民卓嘎调查资料

她家现在不仅有商店，而且还有三辆汽车，一辆是大货车，另外两辆为小型面包车，每个月凭借这些，收入可以达到 1.5 万元。而在 6 年前，卓嘎只是拉萨市区的一名服务员，当时每月还赚不到 1000 元。"当时还没有建铁路的时候，柳梧村只是一个普通的小村落，"她回忆说，"那时候出去都困难。大家的收入都很低，每个人都靠种地放牧生活，每月的收入也就 500～600 元。"

第三节 柳梧村家庭

一 家庭

人类学家奥戈兰（Olga Lang）将家庭分为三种主要类型，即核心家庭、扩大家庭和主干家庭。核心家庭是由一对夫妇和其未婚子女构成的家庭，同时也包括核心家庭的

变异，如无子女的一对夫妇或一对夫妇中的一位与其子女
组成的家庭；主干家庭是一个家庭中有两对以上的夫妇
（包括一方去世或离婚）并和未婚子女或未婚兄弟姐妹等构
成的家庭；扩大家庭即年老的父母及其未婚子女与两对以
上的已婚子女所组成的家庭，包括四代或四代以上成员构
成的家庭。根据我们的调查，在调研的 46 户家庭中，柳梧
新村家庭以一对夫妇与其未婚子女共同构成的核心小家庭
为最多，是家庭构成的主要形态；主干家庭次之；扩大家
庭较少。另外我们还发现了一户单亲家庭，而且是一户女
单亲家庭，她抚养了两个小孩，现在和她弟弟一起经营一
辆手扶拖拉机（见表 4 - 3）。

表 4 - 3　柳梧新村二、三组 46 户家庭类型统计

单位：户，%

家庭类型	户数	百分比
核心家庭	25	54.35
主干家庭	13	28.26
扩大家庭	7	15.22
单身家庭	1	2.17

资料来源：家庭类型、户数由作者于 2007 年 8 月在柳梧村通过调查问卷
统计所得，百分比经过作者计算得出。

从表 4 - 3 可以看出，核心小家庭为最多，是家庭构成
的主要形态，共有 25 户，占我们总调查户数的 54.35%，
这种家庭人口一般为 3 ~ 5 人。主干家庭总共有 13 户，占总
调查户数的 28.26%，这类家庭人口一般为 5 ~ 7 人。扩大
家庭总共有 7 户，占总调查户数的 15.22%。单身家庭就是
上面提到的那户女单亲家庭，她抚养了两个小孩，现在和
她弟弟一起经营一辆手扶拖拉机（见图 4 - 1、图 4 - 2）。

图 4 – 1　调研人员和柳梧村村民（一）（2007 年 8 月 1 日　陈朴摄）

图 4 – 2　调研人员和柳梧村村民（二）（2007 年 8 月 6 日　陈朴摄）

二　世系计算

（一）西藏子女姓氏

汉族人是有姓氏的，如赵、钱、孙、李等百家姓，尽人皆知。藏族人一般四个字做一个名。如扎西多吉、次仁旺堆等。公元前 360 年（周显王九年）吐蕃的所谓天座七王的第一门聂赤赞普的后代穆赤赞普、丁赤赞普、索赤赞普、美赤赞普、达赤赞普、塞赤赞普，都取母亲名字的一个字作为自己名字的一部分。像母亲的名字叫"朗·穆穆"的，儿子的名字便叫"穆赤"；母亲名叫"索·汤汤"，儿子名便叫"索赤"；等等。这说明当时的吐蕃社会仍留有母系氏族社会的痕迹，没有什么姓氏之分。到近代社会，西藏只有贵族有姓氏，一般以贵族的庄园名为姓氏，我们所调查的柳梧村村民都是普通农民，按照藏族传统习惯，没有姓氏。

过去平民百姓向活佛或喇嘛求取名字时，没有什么特殊仪式，只需向活佛或高僧敬献一条哈达、几条藏银，说明婴儿性别即可。贵族等上层则常常将婴儿抱去向活佛献发，活佛剪去婴儿一小撮顶发以此象征剃度，然后取一吉祥的名字。如孩子长大后出家（或在家）为僧，仍需经堪布、翁则或活佛等高僧重新剃度取法名。活佛、堪布等在给孩子取名时，常把自己名字中的两个字加在婴儿名字中，如活佛名叫"阿旺赤列"，他就给人取"阿旺顿珠"、"阿旺卓玛"或"赤列朗杰"、"赤列曲珍"等名。但也有不含自己名字而取名的。在西藏城镇和农村，请活佛和喇嘛取名较为普遍，因此，城镇和农村的人名比起牧区人名，宗教色彩更为明显。

除了喇嘛、活佛取名之外，通常由家中长者或村里有名望的长者取名，虽然少带宗教色彩，但都有一定的含义，寄托一定的思想感情，堪称丰富多彩。他们往往是用自然界的物体、小孩出生的日子或星期为新生儿起名的。如尼玛——太阳、星期日；达瓦——月亮、星期一；梅朵——

花；白玛——莲花（子女很多，不愿再生，给最后一个孩子取此名，一般只给女孩子起此名）；琼达——最小的，意为再不要小孩（此名男女均用）；普赤——带男孩来，如前面几个都是女孩，或头胎是女孩，希望有个男孩，就给女孩起此名；有的家中生育了6个儿子时，被看成是吉祥如意的征兆，并给孩子起名普楚，意为第六个儿子；有的父母因为自己生下来的孩子死得多，活得少，为了使孩子健康成长，故意把孩子名字起得很贱、很随便，如吉律——狗屎。

藏族人名中，很多名字男女通用，如达娃、尼玛、巴桑、扎西、次仁、格桑等以及以星期命名的都是男女通用的；但有些是有区别的，如像旺姆、卓玛、卓嘎、普赤、央金、曲珍、拉珍、拉姆、桑姆等只用于女性，而像贡布、帕卓、顿珠、多吉、晋美、占堆、罗追、旺堆等只用于男性。

（二）家庭财产继承关系

关于遗产的处理，如果没有子女，依照死者，的遗嘱办理，家属将死者财产捐献给寺庙，以此为来生祈福；有子女的则由子女继承，子女们仍然要将财产的一部分捐献给寺院，为了超度死者，他们极愿花钱；不富有的家庭无财产可捐，也将死者穿过的衣服等送给念经的喇嘛。在柳梧村，父母财产一般平均分给儿女，不存在财产分配不均的情况，我们在调查过程中得知，家庭所得的征地补偿款，一般家庭都平均分给他们的儿女，有的富裕家庭还将房子分给自己的儿女。例如，普布家有两栋房子，大儿子和小儿子各一栋。征地补偿款也是两兄弟平分。

三 家居生活

在我们调查的过程中，也了解到一些过去的生活方式。柳梧村过去大部分人世代以土地为生，从事传统种植业。柳梧村种植的农作物一般有青稞、小麦、土豆、油菜等；饲养的家禽家畜有牦牛、犏牛、绵羊、黄牛、山羊、驴、马、猪、鸡和鸭等。在拉萨火车站建设之前，这里有土地5368.78亩，人均3亩左右。所以大部分农牧民以从事农牧业为主。也有部分外出打工，从事经商和在拉萨市跑运输的。柳梧村里有这样一个说法，没有种过地的农民不算农民。过去村民们干完农活、家务后，常爱集中在一起唱歌跳舞，喝青稞酒，或者打藏牌、麻将等。

随着改革开放，市郊农村生活发生了巨大的变化，村民的文化娱乐方式也日渐丰富多彩。有看电视、录像，听收录机的；有到拉萨打台球、玩电子游戏机、唱卡拉OK的；有泡甜茶馆、打麻将的。拉萨市居民的所有娱乐方式几乎都已在柳梧村出现。城市化逐渐改变了农民的衣食住用行，给柳梧村输入了一种全新的生活方式。

在我们的调研过程中，部分农民在1996年以前就一直在跑运输。家住柳梧村二组61岁的洛桑，原来是村里的贫困户，住的是土坯房，烧的是牛粪，靠政府救济过日子。后来修建青藏铁路时，因修建铁路涉及拆迁的村民约120户，洛桑就在其中。在铁路还正建设的时候，距离拉萨火车站1000米远的柳梧新村别墅已经建成，洛桑在搬迁之列。与此同时，拉萨火车站至拉萨大桥的公路修通了，柳梧村发生了第一次巨变。

搬到新家后的柳梧村村民，改变了祖祖辈辈靠放牧为生的生活方式，开始参与到青藏铁路及拉萨火车站的建设中来。扎西达瓦告诉我们："大家突然之间就发现彩电、冰箱、空调不那么贵了。"放弃农牧民生活转向做工，村民生活意识的改变带领柳梧村出现第二次巨变。

随着各项配套工程建设的陆续启动，柳梧村村民开始不满足依靠打工赚取的几个零用钱，不少村民开始从跑运输开始，自己做起了小生意。其中以柳梧村村民桑珠为代表，他最早开始学习驾驶四轮车，准备给工地上拉沙子、钢筋等建材来赚钱。"拉一拖拉机东西人家给10元，每天能够拉30趟，"桑珠回忆说，"每个月能赚6000多元。"

西藏堆龙德庆县柳梧村村长洛桑顿珠告诉我们，柳梧村在修铁路以前以农业为主，农民收入不高。自从柳梧大桥通车后，柳梧村的年轻人利用通往市区交通的便捷，纷纷购买中巴客车专跑拉萨市区301、302等公交专线，正儿八经地跑起市区公共汽车生意来。如今的柳梧村仅新增的中巴车就有46辆，另外还添置了85辆东风车。另外，村里还有人买了几辆大巴，帮助旅行社拉贵宾。

青藏铁路通车一年来，西藏与祖国东部、中部的经济文化交流明显扩大。西藏社会科学院党委书记、副院长孙勇说："青藏铁路从根本上提升了西藏的自我发展能力，不仅为西藏带来了大量的人流、物流、资金流和信息流，而且促进了西藏与世界接轨，并逐渐形成新的价值观、消费观、思维方式和行为方式。"正是在这样的发展趋势下，西藏自然资源的巨大优势经青藏铁路得以凸显，原有的输入型经济模式得以明显改善。

个案 4-2　柳梧村村民洛桑

洛桑告诉我们："在修建铁路以前成天在地里忙碌，都没有时间到拉萨；柳梧村别说大马路，就连水泥路也没有一条，泥泞的小路根本就开不进车，所以每次到拉萨都要靠两只脚走路，家里情况好点的就用牛车代步，所以如果没有特别的事情，我们都不会随便到拉萨（去）。"那时的柳梧村是比较封闭的，过去柳梧村村民想都不敢想铁路能修到拉萨，现在竟然还能看到火车开到拉萨，心里有说不出的高兴。火车开通到拉萨，将会给柳梧村带来前所未有的发展前景，对此，洛桑说："家里准备购买挖掘机、推土机等建筑设备，不仅要依靠铁路建设发家致富，还要到外面去承包工程，拓宽增收门路。"

第四节　柳梧村婚姻与亲属关系

一　婚姻

（一）缔结方式

在人生礼仪中，作为缔结男女婚姻关系的契约和标志夫妻家庭生活开端的婚礼，是一种最能体现人们生活价值观的典型仪式活动，历来受到个人、家庭和社会的高度重视。人们之所以重视这一礼仪，是因为人类的延续、家族的发展，最终都由男女双方的婚姻关系来决定。婚礼同时也是传统社会中人们积累和表达某一文化含义的反映。

藏族缔结婚姻的方式有两种：包办婚姻和自由婚姻。农奴主阶级讲究门当户对，儿女的婚姻，由家长包办，这就是包办婚姻。缔结婚姻，须经过请媒、择偶、选期、订婚、结婚、宴客等过程，并以其官爵、经济权势的大小决定豪华的程度。在农奴阶层中，尤其在比较富裕的家庭里，其子女婚配亦由父母包办。广大农牧民的婚姻，也受家长制的影响，但不很严格。农奴阶级中的堆穷、朗生阶层，虽也受父母之命、媒妁之言的约束，但有相当一部分为自由婚姻。只要男女双方情投意合，把婚事告诉自己的父母，便能成亲。

柳梧村就我们所调研的对象而言，都是自由婚姻，没有包办婚姻的情况。

（二）婚姻圈

西藏和平解放前，堆龙德庆县还是封建农奴制社会，通婚的原则是实行阶级内婚、血缘外婚。土司、头人等贵族，只能在同等级内互相通婚。如果贵族头人的子女与百姓恋爱，即被驱逐甚至处死。劳动者各阶层通婚，也受门当户对的影响，但在普通农牧民中不甚严格。同一祖宗的后代，绝对禁止通婚。谁违反这一传统规定，将被装入牛皮袋扔到河里。他们认为人是由骨头和肉组成的，骨头是父亲给的，肉是母亲给的。骨头是不能改变的，所以父系亲属永远不能通婚。肉是可以改变的，所以母系亲属传下七代以后，便可通婚。

在我们调研的过程中，没有发现近亲结婚的现象。有招汉族青年做上门女婿的情况。这几位汉族青年和本村女性青年喜结连理，也是在打工时认识相爱的，之后就落户柳梧村。他们的家庭一般过得比较幸福和富足，因为汉族男青年都能以不同的谋生方式在外积极地创造财富。相对其他家庭，这几户的思想观念也很先进，懂得让自家子女上最好的学校，他们宁愿缴借读费。汉族和本村通婚，除了信仰不同以外，其他生活方面是十分融洽的。

（三）初婚年龄

堆龙德庆县藏族人民的传统婚姻结婚年龄比较早。柳梧村村民结婚年龄大多数在 20 岁以后。通常是男 22 岁左右娶亲的多，姑娘 20 岁以前嫁人的比较多。在我们调研期间，就遇到过这样一户人家。户主名叫次杰达瓦，今年 68 岁，24 岁结婚。他女儿则是 20 岁的时候出嫁。结婚年龄通常还与家庭经济条件有关系，穷人家孩子结婚的年龄相对就晚一点。

（四）近亲结婚情况

历史上，西藏婚姻的缔结方式主要有一夫一妻制，这是绝大多数，另外也有少量一妻多夫和一夫多妻的。无论何种婚姻形式，都有严格的血缘限制，同一父系和母系的后代都不能建立婚姻关系。像堆龙德庆县的农户都有房名，相当于姓氏，如过去东嘎宗有名的差巴康撒江·占堆，其中，康撒江是房名，占堆是名，相同房名的后代不能通婚。所以近亲结婚这种情况在我们调研的 46 张问卷中没有发现。

（五）婚姻和家庭

婚姻和家庭是社会生活的基本内容，它是由一定的经济基础和社会制度决定的。西藏的婚姻制度较为复杂。历史上，占主导地位的是一夫一妻制，还有一夫多妻和一妻多夫以及兄死弟继制等形式。在西藏家庭中，一夫一妻制的家庭是主要的婚姻形式，其他两种是次要的、残存的形式，在法律上不予承认，这两种形式是残有的传统文化与国家正式制度之间的矛盾，但根据西藏特殊的区情，国家没有采用强制式的变迁方式改变这种婚姻形式，而是采用了渐进式的变迁方式，不断提高广大农牧民思想观念和意识水平，使这两种婚姻形式逐渐消失。

西藏和平解放前，由于社会制度的关系，西藏人的婚姻表现出严格的门第婚姻特色，统治阶级与被统治阶级之间是不能通婚的。领主只和领主通婚，平民只能与平民嫁娶；即便同一个阶级内，也要讲"门当户对"。在封建等级观念的影响下，铁匠、屠夫、猎人等被视为三等九级中的最下等人，就是与一般的平民婚配，也受到严格的限制。除了门第婚姻外，西藏还存在血缘外婚的习惯，即严禁父系血统和母系血统之间的恋爱和婚配；违背者，要受到舆论的谴责，甚至受到惩罚。

1. 一夫一妻制

西藏的婚姻形式，以一夫一妻制为主。一夫一妻的家庭有三种形式：一为娶妻，女到男家居住，男方娶妻组成家庭。二为入赘（即上门），男到女家顶立门户，继承产业，若女方有姐妹数人，只许长女招婿。三为男女双方都离开各自的家庭，另立新家庭。由于经济上的原因，几个兄弟之间，一般只留一人在家娶妻生子，其余均外出为僧或入赘女方。三种形式在柳梧村都存在。在我们调研的家庭中，这三种方式所占比例基本相近。

2. 一妻多夫制

一妻多夫是很特殊的婚姻，这种婚姻只存在于少数人口中。这种形式主要在牧区流行，内容为兄弟共妻或朋友共妻。这是原始婚姻的残余形式。在半个世纪以前，该村藏民在观念中认为这是正常的婚姻，现在这种观念已经为大多数人所抛弃。以前产生这种婚姻制度也与等级地位和经济因素有关，因为贵族地位的继承只限一家，相同房名的贵族一般没有两家的，如果分家就要失去贵族的地位，财产也会分散。因此，贵族为了维持他们的社会地位和财产，兄弟几个也不分家而娶一妻。

现在产生这种情况，也是经济上的原因。这种家庭，以女性为中心。一般由兄长娶妻婚配，诸弟成年后，陆续与嫂子发生关系，形成兄弟共妻，在兄弟共妻家庭中，长兄是主夫，有权处理家庭内外的一切事务，一妻多夫的子女，不论生父是谁，一律称长兄为父亲，其余为叔叔。关于子女归属，一般长子归长兄。在夫妻生活中，主妇占一间房子，各夫轮流与她同居。习惯次序为先长后幼。何人要与主妇同居，即将自己的鞋子或鞋带置于屋外，作为信号，另夫自行退避，很少为此而发生不和。兄弟共妻的家庭经济和生活都是以妇女为中心，具有母系社会遗风。

个案 4-3

在柳梧村调研期间，我们就调查过一个一妻多夫的案例。户主叫次尼，次尼下面有两个弟弟，现在和二弟都是相同的一个妻子，三弟现在还在读高中。妻子是日喀则人，名义上是大哥的妻子。现生有两个小孩，大的是女儿，今年3岁半，小的是儿子，今年1岁半。这一户产生一妻多夫的原因主要是结婚的时候家庭条件不好，不过现在这一户领到了征地补偿款，家庭条件明显改变，还买了车参与车队跑运输。

3. 一夫多妻制

这种形式，多流行在上层家庭中，如领主、富商和土司等。一个土司娶几个妻子，主要看政治上的需要。因为所娶妻子均来自其他上司或部落，可借此逐渐扩大自己的势力范围。平民家中也存在这种情况，不过大都是以姐妹共夫的形式出现，或是姐姐招赘，后来丈夫与妻妹发生关系；或是先娶妹妹，后来又与妻姐发生关系；最后形成事实上的姐妹共夫家庭。一夫多妻的家庭与汉族地区不同的是，此处不分妻、妾，每个妻子的地位完全平等。其他还有兄死弟继或弟死兄继的情况。如上所述，多数家庭只留一个弟兄在家娶妻生子，其余的外出为僧；在家的弟兄若死后，为僧的弟兄便还俗回家与寡妇同居。

西藏的佛教徒，除黄教之外，其余教派的僧人均可结婚生子，而且可以自由选择对象，无论贵族还是平民均可。藏族结婚，决定权一般操在父母及算命喇嘛手中。由于过去讲究门当户对、父母之命、媒妁之言，所以男女双方自由结识不一定能成为夫妻。目前柳梧村不存在这种婚配方式。

二 亲属称谓

对亲戚的称谓，藏族与汉族有许多不同之处。汉族对祖父、外祖父、祖母、外祖母的称呼是严格区分的，汉族对亲戚的称呼也有严格的区分，例如在父亲的兄弟中，比父亲大称"伯伯"、"伯母"，比父亲小称"叔叔"、"婶婶"。藏族就没有那么严格，对亲属的称呼比较简单。祖父和外祖父均称为"波啦"（爷爷），祖母和外祖母统称为"莫啦"（奶奶），父亲和岳父都叫"爸啦"（父亲），母亲

81

和岳母都叫"阿妈啦"（母亲）；其他凡属于父亲的男性亲属统称为"阿古啦"（叔叔），女性亲属均称为"阿尼啦"（姑姑）；对母亲的男性亲属一律叫"阿乡啦"（舅舅），女性亲属则一律叫"索姆啦"（姨妈）。另外，平时人与人之间直呼姓名，是不礼貌的。因此，总要在名字的前后加点什么，借以表示尊敬和亲切之意。柳梧村因为离拉萨比较近，很多称呼跟拉萨的称呼是一样的。拉萨地区喜欢在名字后面加个"啦"字，诸如扎巴旺堆啦、达瓦卓玛啦等；在普通家庭中，除对长辈是用敬语称呼之外，长辈对晚辈或同辈之间，是直呼名字的。

第五节　柳梧村社会礼仪

藏民族是个重礼仪的民族。大至婚丧娶嫁、风俗节日，小至日常交往，都有其成型或比较成型的社会礼仪。

一　柳梧村婚姻习俗

婚配的程序各地有所不同，但一般情况是：第一步，合婚。它是指男女通过介绍或认识而要结婚时，先要请僧人算命，看其婚姻是否吉祥。如卜算结果满意，就进行第二步，即求婚。求婚一般是由男方或女方请亲友或媒人带一条哈达和一些酒到对方家正式提婚；若对方同意，即将礼物留下，并回敬一条哈达交给来人。然后，举行订婚典礼。藏语称此事为"隆酉仓"，意为订婚之酒。这时，男方向对方赠送礼品和一笔钱，藏语称这笔钱为"窝仁"，意为奶钱；之后制定婚约，大摆酒宴庆贺。最后，便选择吉祥日子迎娶。迎宾新娘（或新郎）、亲友们牵马赶赴对方家，时间为天亮前；迎接过来之后，亲友出门将之引入内室；待坐入预设垫子上之后，亲友们便向其献哈达、送贺礼，以表祝福。新婚之后三个月或六个月，新娘（或新郎）得偕同配偶返回自己老家小住，相当于内地的"回门礼"。至此，整个婚配即告结束。经过走访新婚夫妇家庭和询问村中老年人，我们总结出柳梧村基本符合以上婚配的程序。

离婚的事情也常有发生，原因是多方面的。或因情感不和，或因对方有病，或因女方缺乏持家能力，等等。手续十分简单。若女方主动提出离婚，男方不给予任何补偿，女方可以将其陪嫁的财产带走；如果男方要离婚，则除了女方的全部妆奁得退还外，还得给予相当的补偿。所生子女，男归父，女归母，之后，双方均可另找对象。据村党支部书记介绍，柳梧村也有离婚现象的存在，但具体情况了解得相对较少。

二　丧葬习俗

丧葬：藏族人的葬礼也有一套程序。西藏地域辽阔，人死后的丧葬方法也是多种多样的，就柳梧村来说主要有下面几种丧葬方法：天葬、水葬、火葬、土葬、塔葬。这些葬法的不同，因每个人的经济和社会地位不同而定。

天葬是大部分普通人的葬法。一个人死后，先把死者放在屋内的一角，尸体用白布围裹，并用土坯做垫，而不用床及其他物品做垫。这是因为佛教认为，人死以后，灵魂和尸体不是一起离开的。为了使灵魂不滞留屋内，用土坯垫尸，尸体被背走后，土坯便扔到十字路口，灵魂也就随之离开。在停尸期间（一般三至五天），家人天天请僧人从早到晚地念经，超度死者的灵魂。在这数天之中，亲戚朋友都要前来家中吊唁。来时带一壶酒、一条哈达、一点酥油和一炷香；有的还带一个纸包，其中包些钱，钱包写上"慰问"字样。哈达是献给死者的，其他的钱物资助死者家庭。人死以后，家人一律不梳头、不洗脸，取下一切装饰，也不能笑，不能高声说话，更不能唱歌、跳舞，为的是让死者灵魂安安静静地归天。

人死了，家门口便得吊挂一个红色陶罐，罐口用白羊毛或白哈达围上。罐子里放有三荤（血、肉、脂）、三素（乳、酪、酥）的糌粑火烟，并每天加进一些。罐里的东西，是送给死鬼吃的。他们认为，人死了变成鬼，灵魂脱离肉体，不会思维，不能按时进食，故由在世的人定时添加。一家死了人，邻居也得表示哀悼。在别人家办丧事期间，自家也不办喜事，不歌舞娱乐。藏族人普遍说："邻家牲畜死了也得哀三天"，何况对人呢！正是这种观念使四邻同哀。停尸后，要选个合适时日，举行出殡仪式。出殡那天仪式一般举行得很早，几乎是天不亮就开始。先把死者衣服剥光，四肢捆成一团，用白氆氇蒙上，再从放尸体的地方到家门口用白糌粑画一条线，然后由死者后代沿着白线把尸体背到门口，以尽孝顺义务。到了门口，便可交由操天葬的人把尸体背走。当死者被背起时，后面有一个与死者同龄的人，一手拿扫把，一手拿破方篓，把白糌粑线扫掉，并把扫起的糌粑、扫把、垫尸的土坯，统统放在方篓里，紧跟在尸体后面，走到十字路口，把方篓放在路口当中，把鬼送走。这一天早晨，亲朋好友都到死者家中，为死者送行。送行的队伍中，每人拿上一炷香，一直送到十字路口。丧葬仪式时家人是全部参加的，但家人不到葬场去。出了门后，由一二好友随去葬场监督。尸体出门之后，背尸人和送葬者均不得回头，天葬前及送葬人在天葬以后两天中，也不能到死者家中。所有这些禁忌，都是因为怕死者的灵魂被带回家中，使家庭遭厄难。到了葬场以后，先把尸体放在葬台上，然后在葬台附近烧起松柏香堆，香堆上撒上三荤三素糌粑，浓烟直冲云端。点香升烟的目的，是通知"神鹰"到来。"神鹰"见烟便飞来寻食。这时，操持天葬的人便将尸体从背面剖开。若死者是僧徒，操持天葬的人在下刀时，先在背部的肉上画个有宗教意义的花纹。接着，剖腹，取出内脏，切肉，剥去头皮，割掉头颅。把肉切成小块，堆放一旁；再捣碎骨头，拌以糌粑，拌成一团。然后先喂骨团，再喂肉。如果骨头没喂完，得一块不剩地捡起，烧成灰撒向四方。总之，要一点不剩地把死人处理掉，这样，死者就"升天"去了，天葬到此完成。天葬完成以后，代表死者家人的监督人，便拿出早已准备好的酒、肉，犒劳天葬职业者。柳梧村葬礼一般遵循天葬的传统方式。

除此之外，西藏还有土葬、火葬、塔葬、水葬几种丧葬方式。在柳梧村，除了天葬，我们没有发现其他的丧葬方式。

三　诞生礼仪

柳梧村由于离拉萨很近，据村中老人讲，其人生礼仪和拉萨相同。

（一）出生

诞生礼，藏语"旁色"，"旁"是污浊的意思，"色"是清除，也就是说清除晦气的活动。藏族认为，小孩出了娘胎，会带来许多污浊和晦气，举行这个仪式，便是要为孩子清除污秽，预祝其健康成长，同时，也祝产妇早日康复。据有关学者考证，"旁色"仪式从 1500 多年前苯教时期流传下来，由苯教的一种祭神方法演变而来。小孩子生下来的第三天（女孩是第四天），"吉度"户便要前来参加"旁色"活动。他们带的礼物是青稞酒、酥油茶、肉、酥油、礼金及给小孩的衣物等。客人进屋，先给父母和襁褓中的婴儿献上哈达，而后敬酒、倒茶并献礼，然后端详初生婴儿，对孩子说些吉利祝愿的话。有些农户还为前来给婴儿除秽的亲友举行汤饼宴。"旁色"结束后，便给孩子取名。取名是件郑重的事，一般请活佛或村里有威望的长者进行，也有的是由父母起名。取名者根据家人及自己的想法和愿望来决定婴儿的名字，总是起一些吉祥的名字。

（二）满月

孩子满月之后，选择一个黄道吉日，举行出门仪式。这天小孩要换装，一般从家门出去往东走，以图吉利。有的第一天到寺庙朝佛，目的是祈求佛保佑新生儿一生平安。婴儿第一次出门时，家人往往在婴儿鼻尖上擦一点锅底的黑灰，意思是使婴儿出门时不被魔鬼发觉。

（三）成年礼

成年礼仪是一个人跨入社会门槛的一种仪式。一个人步入成年的标志表现在服饰上，而女孩子这一点主要体现在服饰的变化上。按过去的做法，姑娘长到十六七岁时，就到了成年将要出嫁的美好年华。为了庆祝这一具有重要意义的人生阶段，父母总是要为心爱的女儿准备好丰富的装饰，在众多装饰中绝不能缺的是珠冠——"巴珠"。巴珠是过去藏族人成年后经常戴在头上的主要装饰品，制作精细，非常漂亮。做一顶巴珠很不容易，父母常常要提前很长一段时间筹集资金，备齐珠宝及其他材料。贫苦人家没有钱买贵重的珠宝，但也要千方百计找其他代用品来制作。到举行成年礼仪的这天，父母一大早就给女儿穿好新衣，戴好巴珠，然后将耳环、项链、手镯、戒指等戴好。装饰完毕，父母和亲朋好友陪伴着女儿一起到就近的寺院朝佛供礼。在拉萨，父母和亲朋好友还陪伴女儿到八廓街上四大经杆之一的"曲雅达钦"前，煨桑祭祀，供奉神佛和拉萨的保护女神吉祥天女——班丹拉姆；姑娘还将一条洁白的哈达，恭敬地挂在经杆上面，顺时针绕经杆转并许愿，祈求一生平安、幸福。此时拉萨姑娘才第一次围上"邦典"，父母和亲朋好友也为姑娘祝福。举行完成年礼，那无忧无虑的天真少女，算是脱离了孩提时期，进入了妙龄女郎的黄金时代。无论男女青年，自步入成年人行列后，每个人就享有和其他成年人一样的权利，受社会的约束，并承担一定的社会义务。

四 礼俗和节日

柳梧村礼俗和节日与拉萨的也基本相同，在此做一些介绍。它们一般都是大家耳熟能详的礼俗和节日。

（一）礼俗

藏族的礼仪是多种多样的，礼俗与佛教也有密切联系，主要有几种礼仪，其中献哈达是藏族最普遍的一种礼节。在婚丧节庆、拜会尊长、觐见佛像、音讯往来、送别远行等场合中，人们都有献哈达的习惯。

1. 哈达

哈达是一种生丝织品，纺得稀松如网；也有优良的、用丝绸做料的哈达。哈达长短不一，长者一二丈，短者三五尺。献哈达是对人表示纯洁、诚心、忠诚的意思。自古以来，藏族认为白色象征纯洁、吉利，所以哈达一般是白色的。当然也有五彩哈达，颜色为蓝、白、黄、绿、红。蓝色表示蓝天，白色是白云，绿色是江河水，红色是空间护法神，黄色象征大地。五彩哈达是献给菩萨和结亲时做彩箭用的，是最隆重的礼物。佛教教义解释五彩哈达是菩萨的服装，所以五彩哈达只在特定的时候用。

哈达是在元朝传入西藏的，萨迦法王八思巴会见元世祖忽必烈回西藏时，带了第一条哈达回来。当时的哈达，两边是万里长城的图案，上面还有"吉祥如意"的字样，故可以说哈达是从内地传入西藏的。后来，对哈达又附会上宗教解释，说它是仙女的飘带。

2. 磕头

磕头也是西藏常见的礼节，一般是朝觐佛像、佛塔和活佛时磕头，也有对长者磕头的。磕头可分磕长头、磕短头和磕响头三种。在大昭寺、布达拉宫及其他有宗教活动的寺庙中，常常可见到磕长头的人群。磕时两手合掌高举过头，自顶到额至胸，拱揖三次，再匍匐在地，双手伸直，平放在地上，划地为号。然后，再起立如前所做。过去有些虔诚的佛教徒，从四川、青海各地磕长头到拉萨朝佛，行程数千里，三步一拜，一磕几年，有许多人死在朝佛途中，也觉得尽诚尽意，毫无怨言。大昭寺前的粗石板，也被磕长头的人磨光了。在寺庙里，也有一种磕响头的方法。

不论男女老少，先合掌连拱三揖，然后拱腰到佛像脚面，用头轻轻一顶，表示诚心忏悔之意。

3. 鞠躬

过去遇见长官、头人和受尊敬的人，要脱帽，弯腰 45 度，帽子拿在手上低放近地。对于一般人或平辈，鞠躬只表示礼貌，帽子放在胸前，头略低。也有合掌与鞠躬并用的，对尊敬者合掌必须过头，弯腰点头；回礼动作也相同。

4. 敬酒、茶

逢年过节，到藏族家里做客，主人便应敬酒。请喝青稞酒，是农区的一项习俗。青稞酒是不经蒸馏、近似黄酒的水酒，度数为 15~20 度，西藏男女老少几乎都爱喝青稞酒。敬献客人时，客人必先喝三口再一满杯喝干，这是约定俗成的规矩，不然主人就不高兴，或认为客人不懂礼貌，或认为客人瞧不起他。喝茶则是日常的礼节，客人进屋坐定，主妇或子女必来倒酥油茶，但客人不必自行端喝，得等主人捧到你面前时再接过去喝，这样，才算是懂得礼仪。以上是藏族礼仪中最常见、最普遍的，其他还有称呼上的礼节。尊称别人时，一般在他的名字后面加一"啦"字。藏语还有敬语和非敬语之分。用敬语，对尊者或客人说话，表示尊敬对方。在吃饭方面，还有食不满口、咬不出声、喝不作响、拣食不越盘之规矩。行路时，不抢在他人前面，相遇必先礼让，坐时不能抢主宾席，不能东倒西歪，不能随便伸腿等，这是长辈教育子女的一些必须注意的礼仪。

（二）节日

西藏的节日，一般都有浓厚的宗教特色。但是，随着时代的变迁，这些节日渐渐失去了原来的含义，娱乐的成分越来越浓。现就一年之中主要的节日情况，作一概略介绍。

1. 藏历年

藏历元月一日，是新年（藏语"洛萨"），亦即一年中最重要的节日，相当于汉族的春节。这天，一切工作均要停止，大家都手持哈达、"琪玛"（特制的木盒内装着糌粑和麦子，上面插有酥油花、麦穗和新年花）和青稞酒互相拜年。穿着节日服装的男女老少成群结队地在街上唱歌跳舞，或到附近寺庙朝佛，但不能到亲友家中去做客。初二，布达拉宫前要举行爬杆杂技表演。从初一到初五，布达拉宫举行朝贺仪式，所有官员都要参加。在部分农区，农民为了及时备耕，他们的新年为藏历12月1日。

由于柳梧村距离拉萨较近，藏历新年柳梧村村民也会到拉萨与市民一起庆祝。拉萨市附近过的藏历年，传统的成分越来越少，在藏历除夕夜藏族人像汉族一样过春节，放烟花，与亲戚朋友喝酒聚会等。

2. 雪顿节

（1）雪顿节历史变迁。

雪顿节是西藏历史悠久的传统节日之一。在藏语里，"雪"是酸奶子，"顿"是宴会的意思。雪顿节按藏语解释，就是吃酸奶子的节日。节日期间，拉萨市民几乎倾城而出，聚集"罗布林卡"，富裕人家搭起漂亮的帐篷或帷帐，带上点心、糖果、奶制品、青稞酒、酥油茶等，玩住两三天。各地专业和业余剧团也聚集拉萨，演出各种剧目的藏戏，热闹非凡。因为雪顿节期间有隆重热烈的藏戏演出和规模盛大的晒佛仪式，所以有人也称之为"藏戏节"、"展佛节"。传统的雪顿节以展佛为序幕，以演藏戏、看藏戏、群众游园为主要内容，同时还有精彩的赛牦牛和马术表演等。

　　节日活动的中心在拉萨西郊的罗布林卡。这里从前是西藏地方政教首领达赖喇嘛的夏日园林。节日来临，罗布林卡以及周围的树林里，一夜之间便会涌现一座色彩鲜艳的帐篷城市，还形成几条热闹繁华的节日市街，几乎整个拉萨城都搬进了这片绿色天地，所有的人都在歌声舞蹈中过着野外生活，深沉热烈的歌声伴着高原特有的乐器在树影里飘荡。

　　雪顿节在17世纪以前是一种纯宗教的节日活动，民间相传，由于夏季天气变暖，百虫惊蛰，万物复苏，其间僧人外出活动难免踩杀生命，有违"不杀生"之戒律。因此，格鲁派的戒律中规定藏历四月至六月期间，僧人只能在寺庙念经修行，直到六月底方可开禁。待到开禁之日，僧人纷纷出寺下山，世俗老百姓为了犒劳僧人，备酿酸奶，为他们举行郊游野宴，并在欢庆会上表演藏戏。这就是雪顿节的由来。

　　到17世纪下半叶和18世纪初，清朝皇帝册封五世达赖阿旺罗桑嘉措和五世班禅罗桑益西，赐予其金册、金印，这样西藏政教合一的制度得到加强，及至1642年藏传佛教格鲁派掌权后，五世达赖喇嘛居住的哲蚌寺甘丹颇章宫一度成了西藏地方的政治宗教文化中心。每年藏历六月三十日，成千上万的人涌进哲蚌寺，给五世达赖喇嘛和哲蚌寺的僧人们献酸奶，请求摩顶祝福。雪顿节的内容更加丰富，演出藏戏，据记载，参加雪顿节演出活动的是扎西雪巴、迥巴、降嘎尔、香巴、觉木隆、塔仲、伦珠岗、朗则娃、宾顿巴、若捏嘎、希荣仲孜、贡布卓巴共12个藏戏团本。因此，这个有着300多年历史的民族传统节日，在某种意义上可以说是一个藏戏节。

　　藏戏引入雪顿节的初期，是宗教活动和文娱活动相结

合的开始，但范围仍局限在寺庙内，先是以哲蚌寺为活动
中心，故人称"哲蚌雪顿节"。五世达赖从哲蚌寺移居布达
拉宫后，每年 6 月 30 日的雪顿节，也总是先在哲蚌寺内进
行藏戏会演，第二天到布达拉宫为达赖演出。布达拉宫白
宫部分修成后，雪顿节活动也在布达拉宫的德阳厦举行。
18 世纪初罗布林卡建成后，成为达赖夏宫，于是雪顿节的
活动又从布达拉宫移至罗布林卡内，并开始允许市民群众
入园看藏戏。这以后，雪顿节的活动更加完整，形成了固
定的节日仪式。

　　1959 年，西藏进行民主改革后，雪顿节的内容更加丰
富多彩。节日期间，拉萨市附近的藏族群众三五成群，老
少相携，背着各色包袱，手提青稞酒桶，涌入罗布林卡内。
节日时，除本地藏戏剧团外，还有青海、甘肃、四川、云
南等地的藏戏剧团来到圣城拉萨切磋戏艺。人们除了观看
藏戏外，还在树荫下搭起色彩斑斓的帐篷，在地上铺上卡
垫、地毯，摆上果酒、菜肴等节日食品。有的边谈边饮，
有的边舞边唱，许多文艺团体也来表演民族歌舞，以此助
兴。下午，各家开始串幕作客，主人向客人敬三口干一杯
的"松准聂塔"酒。在劝酒时，大家唱起不同曲调的酒歌；
各帐篷内，相互敬酒，十分热闹。

　　随着历史的发展，如今的雪顿节已经成为集传统展佛
（见图 4-3）、文艺会演、体育竞技、招商引资、经贸洽谈、
商品展销、旅游休闲为一体的传统与现代相结合的盛会。
自治区各机关、单位还将大型的文艺活动、学术研讨会、
经验交流会安排在雪顿节期间，使雪顿节在构建和谐社会
中的意义更为重大。雪顿节是八月高原的文化盛宴，是青
藏铁路开通后拉萨旅游的"黄金周"，更是西藏人民传统的

图 4 - 3　雪顿节展佛（2007 年 8 月 14 日　陈朴摄）

喜庆节日。2007 年中国拉萨雪顿节的主题是"游拉萨历史名城，品雪顿千年文化"。雪顿节以文化为载体、旅游为主题，同时举办旅游推介、招商引资、经贸洽谈、房产博览会、汽车展览等项活动。雪顿节 8 月 12 日上午在布达拉宫广场隆重开幕。除哲蚌寺展佛活动、罗布林卡藏戏表演外，龙王潭公园传统歌舞表演和赛马场的马术、赛牦牛活动（见图 4 - 4）等也很精彩。

图 4 - 4　雪顿节赛牦牛（2007 年 8 月 14 日　陈朴摄）

（2）柳梧村过雪顿节的方式。

课题组成员随柳梧村的一个校友扎西次仁去哲蚌寺过了雪顿节。扎西次仁告诉我们："为了参加这个节日，很多藏民头天晚上就露宿山头，在路边等待着。"我们听后大吃一惊，那神圣、神秘的雪域高原，世界的顶峰与边缘，那永远属于心灵的洁白与蔚蓝、崇拜与渴求，无不让我们充满了无穷无尽的幻想和期望。

据扎西次仁介绍，雪顿节又叫酸奶节。很早的时候，每到这一天，人们便提着酸奶送给在山上修炼的亲人。后来它逐渐变成了藏传佛教的一大传统节日。在这天，藏族同胞要"展佛"、跳藏戏，并进行一系列的法事活动。而最重要的活动——展佛，就在一个当地十分有名的寺庙——哲蚌寺举行。藏传佛教分为五大教派：黄、红、白、花、黑。黄教是西藏最大的教派，而哲蚌寺又是黄教中最大的寺庙。每天来烧香、朝拜的人络绎不绝。

这天早晨，我们三人来到哲蚌寺山脚下。一路上人来人往，好不热闹。这时我们看到一座山，上面挂着五色经幡。山下到处能看到一些草药拢在一起燃烧，散发出浓浓的药味。

我们继续往山上走，也不知走了多久。我们突然听到阵阵法号声，抬头一看，只见抬着唐卡的喇嘛走过人群，走向对面山头。虔诚的善男信女连忙走近队伍，往空中撒风马旗，向唐卡献上哈达。那一张张面庞上的激动与迷醉，让人感到他们仿佛已置身于圣地，融入永恒的力量，超凡脱俗。仿佛他们所经受的苦难、折磨已不复存在。

长龙般的队伍仍往山上移动，他们中的一些喇嘛却留在了山脚下。大队人马继续向山坡上走，走到山顶时，他们用绳子把那块很大很大的唐卡挂在倾斜的山坡上，藏族群众称这山坡为"展佛台"。

此时，不管是藏族群众，还是游客，大家都一边欢呼，一边向空中撒着风马旗。彩色的风马旗如同花瓣一般从天而降，把人们笼罩在一片五彩祥云之中。山头上到处是花花绿绿的纸片，大家有的谈笑，有的念经，都沉浸在节日的气氛中。

原来，这巨幅唐卡所画的，就是释迦牟尼佛祖。把这唐卡在展佛台上向大家展出，就叫做"展佛"。画中的释迦牟尼，慈眉善目，面容清秀，栩栩如生。据说这唐卡是用天然矿石作为颜料绘成的，五百年不褪色。此时，成群的朝拜者们身着节日盛装，像潮水一样向山上涌来。山路两旁坐满了伸手要钱的人，他们并不是乞丐，而是帮人们积德的"被布施者"，他们要钱，是为了帮人们积累功德，让他们早日升天。这些乞讨的人大多是寺里的喇嘛、尼姑等。而给钱的藏族群众也并不吝啬，他们一路上拿着钱不停地"布施"，非常虔诚。

西藏，这个让人魂牵梦绕的雪域高原，这个离天空最近的地方，是那样的圣洁美丽，仪态万方。佛家有云："魔是受污染的世俗心，佛是无污染的光明心"，那么，这里就是最纯洁、最透明的地方。这里的人们真诚善良，淡泊名利，超凡脱俗，但同时，他们对宗教的虔诚和笃信，又让人们感觉到在他们的生命中还有一些忧伤和痛苦、无奈和无助。

3. 望果节

（1）望果节来历。

8月，是丰收节，藏语叫"曲果"或"望果节"。据

《苯教历算法》记载，望果之俗约始于公元 12 世纪布德贡杰赞普时期。根据吐蕃本土宗教苯教的教义，国王规定在收割前农人去庄稼地转圈祈祷，以求神灵的保佑，使农作物获得丰收。这就说明望果节的实质主要是娱神。起初，在藏民族的发源地——山南雅隆地区，藏王布德贡杰的贤臣茹来吉开创农业新渠道时，雅隆部落已开始播种，修渠引水，发展农业技术和生产工具，把农业生产推向一个新的时代。最初的望果活动是一种祭祀神灵以祈丰收的仪式，一般农民以村落为单位绕本村土地转圈，前有苯教巫师带领作法以收"地气"。随后，娱乐开始，有角力、斗剑、耍梭镖等项目，这就是望果节的开端。

望果节在 8 世纪时的藏王赤松德赞时期最为盛行，后宁玛派兴盛，望果活动打上该派色彩，必须念咒语以祈祷丰产。15 世纪开始，格鲁派渐居统治地位，因此游行活动又带有浓厚的格鲁派色彩。后来，随着社会的发展和新生活的需要，望果节的内容不断增加，形式更加丰富多彩，从而形成了具有 1000 多年历史的、广大藏族群众非常喜爱的盛大节日。

在西藏各地都有历史形成的固定的节日场地，这个场地一般要"四有"：有水可以熬茶，有树可以遮阳，有草可以歌舞，有旷原可以赛马。一般来说，望果节也有这"四有"。在西藏各地举行传统的望果节活动，大多第一天是娱神，第二天男女列队转庄稼地，之后进行体育娱乐，内容主要为赛马、角力、跑步、射箭以及唱藏戏等。

拉萨附近的各个地方根据本区的气候、地势以及庄稼成熟的情况来决定望果节举办的时间等。在同一个县里庆祝望果节的时间、特点也不尽相同，因而不一定有统一时间的望果节。重要的是根据庄稼成熟的情况来定夺，一般要差三四天。望果节原来的主要内容是由骑士们绕着庄稼转圈，年老的农民背着佛经绕庄稼转圈，并为了取得农业丰收而进行祈祷祝福。此外，望果节的庆祝活动是各式各样的，比如赛跑、赛马、赛牦牛、射击、藏戏、歌舞演出、民间圆舞、协钦和过林卡等。起初，在被规定了的夏末秋初的望果节早晨，各家在自己最好的庄稼地里拔一小束麦穗，把它安放在灶神旁边，祭献给"龙神"，并祈求获得农业丰收。

另外，在望果节期间，很多拉萨市民包括机关干部也利用双休日到农村过望果节。因为农村气候宜人，空气清新，景色秀丽宁静，高山溪流，花香鸟语，到处是成熟的庄稼，处处展现出绿油油的自然美景。农村人朴实热情，能歌善舞，性情开朗。那些骑手的骑术也很精彩，乡演出队的节目更精彩，和他们在一起就连不愉快的心情也都会烟消云散。这种在城市里难以寻觅的现象，谁见到了都像久病痊愈一样心旷神怡，这是一种取自然环境修身养性的最佳方式，对于在城市里辛勤工作而身心疲劳的人们来说，是最佳的选择。而对于农民来说，过完一个惬意舒适的望果节，就该投入到忙碌辛苦的秋收中，所以望果节又称得上是秋收前的一次休整。

总之，西藏的节日是很多的。而各种节日均与宗教及娱乐活动有关，且有的有明确的日子，而有的节日却只有大致的概念。这是因为有的节日持续的时间太长，只能大体约定俗成它的起止时间。

（2）柳梧村的望果节。

节日作为各个民族在特定季节中举行的盛大纪念活动

和欢庆活动，是人们调节自身生活节奏的一种综合性、群体性和阶段性的典型生活模式，也是一种典型的闲暇生活活动。藏族人过节就是为了在劳动之外的特定闲暇时间中尽情地休息和娱乐，享受生活的乐趣。一个民族的节日，尤其是一些大节日，不仅是一种娱乐生活的表现形式，同时也往往是这个民族政治、经济、宗教信仰、文化艺术、民族心理等的综合反映。

我们在柳梧村跟村民一起过了一次望果节（见图 4 - 5），柳梧村 2007 年的望果节从 8 月 2 日至 8 月 3 日，共两天。

图 4 - 5　柳梧村望果节文艺表演（2007 年 8 月 2 日　陈朴摄）

8 月 2 日上午 10 点左右是歌舞表演，男男女女身着新装，打扮得和过年一样漂亮，五个一帮、七个一群地结伴陆续走向村委会大院。村委会外的大道上可以看到好多老人和小孩坐着三轮车、拖拉机乐呵呵地来看藏戏表演。现在柳梧村的村民生活富裕了，他们有的还自己开汽车来。虽然来的人特别多，但村民们都非常自觉地围在事先搭好的戏台子周围，前面的人席地而坐，秩序井然，后面的人坐在自带的凳子上，看不清楚的便爬到拖拉机车斗上，居高临下。节目主要是藏族歌曲、藏族舞蹈、小品等，台上表演自如，台下观众看得兴高采烈，笑得前仰后合。

8月3日上午是藏戏表演，藏戏表演很多年轻人看不懂，所以观看的主要是老年人。只见在台上跳舞的人头戴面具，身着戏服，表演得很精彩，下面的观众看得也很认真，不时指指点点。8月3日下午藏戏表演结束后，由村主任和村中年长的老者开始做祭祀仪式，把青稞点燃用水泼洒在上面，使之产生大量的青烟，类似"煨桑"的过程，并且组织一群人围着跳一圈锅庄舞。仪式结束后，望果节就顺利结束了。

在表演节目期间，村民们用带来的轻便的野外露营帐篷和五彩缤纷的纱布帏帐，在村委会附近选一块有树的比较幽雅、凉爽的地方过起"林卡"。里面摆上音响、卡垫、灶具、娱乐用品，还有各种食品和青稞酒、啤酒、香槟、果汁等，全家老少欢声笑语地坐在自然母亲的怀抱里，一

图 4 - 6　柳梧村望果节期间村民在过林卡
（2007 年 8 月 2 日　曹佛宝摄）

个临时的"帐篷之家"就这样组成了。有些没有看节目的人就在这里面打牌聊天。

在"望果节"这样的节日里，村委会自然而然地形成了一个短暂的集市。集市上销售的东西可以说是各种各样，吃穿住行各方面的都有。

五　乡规民约

在调研的过程中，对于乡规民约，我们主要针对影响村里重大事情的决策和村民生活中的决策等内容进行了调研。在问及"你认为在村里重大事情的决策上，影响力较大的人是（限选三项，并排序）：A. 村干部；B. 家族中的权威代表人物；C. 家族中的长辈；D. 种养殖大户；E. 由经济实力的人能说会道的人"时，在46份问卷中，每一户都选择：第一是村干部，第二是家族中的长辈。这说明柳梧村已形成了一个惯例，凡是村里重大事情，最先由村干部决策，一些涉及传统问题的事情不论是村干部还是村民，都要请教一些长辈，这和内地农村基本是相同的。

在问及"你在生活中出现困难，你将最先听取哪方面的意见？备选答案是：A. 村委会；B. 男方家族成员；C. 女方家族成员；D. 朋友；E. 其他"时，对于这一问题，大家的选择是不统一的，其中有5户选择B. 男方家族成员，有3户选择了C. 女方家族成员，剩余38户都选择A. 村委会。这说明在柳梧村里，村民们有了比较依赖村干部的习惯，有些生产、生活上有困难的村民认为村干部应该帮他们解决问题，这也是对村干部的一种信任。

柳梧村没有具体成文的乡规民约，村民大多是按风俗和传统习惯来对某件事情进行处理的。

第五章　柳梧村民族与宗教

第一节　柳梧村民族

一　民族结构与聚居情况

柳梧村分为六个小组，共 1565 人，其中 1561 人是藏族，占全村人口的 99% 还多，其他 4 人是汉族，不足全村人口的 1%。

二　民族成员来源

柳梧村村民以藏族为主，都是祖祖辈辈在此定居，世世代代在此生活；本地的汉族都是四川人，与当地藏族联姻，因为婚姻关系而定居。

三　民族关系

公元 7 世纪 30 年代松赞干布首建奴隶制的吐蕃地方政权时，正值唐太宗贞观年间的太平盛世。唐朝封建社会高度发展的政治、经济、文化，引起了松赞干布很大的兴趣。松赞干布主动加强与唐朝的往来，大力吸取中原地区汉族先进的生产技术和文化，通过友好往来，促进了社会生产的发展，带来了经济、政治、文化的共同繁荣。松赞干布之后的几代藏王均采取了与唐朝建立亲密关系的政策。佛教也在这一时期传入西藏。特别是宋代的西夏境内，不仅通行西夏文和汉文，还使用藏文刻碑、翻译佛经，在宗教信仰上保持着与藏族地区的一致性。西夏王室、臣民都笃信佛教，而且占统治地位的是藏传佛教。柳梧村距离拉萨不远，村民思想受历史和宗教的影响很大，藏汉两族人民一直友好相处，在村历史上没有出现过矛盾。随着经济、交通的发展，拉萨火车站的建设使用，柳梧村的流动人口也有所增加，汉族务工人员在此参与建设也促进了双方的友好合作关系，甚至有汉族人入赘成为柳梧村女婿的。在调研中我们了解到，藏族村民对这些汉族人的普遍评价是脑子灵活，肯吃苦，能够找到很多提高家庭经济收入的方法；汉族人也认为这里的人民心地善良，民风淳朴。

第二节　柳梧村宗教

一　宗教信仰情况

柳梧村藏族村民信仰藏传佛教。藏传佛教，或称藏语系佛教（俗称喇嘛教），形成于 10 世纪后半期。历史佛教在西藏的发展分"前弘期"和"后弘期"。前弘期开始时，吐蕃赞普松赞干布迎娶尼泊尔尺尊公主及唐朝文成公主，并为她们带来的佛像分别建造了大昭寺和小昭寺。藏王赤德祖赞又迎娶唐朝金城公主，修建了不少寺庙。但在赤德祖赞死后，崇奉苯教的贵族大臣掌权，发动第一次禁佛运动，驱逐汉、尼泊尔等地僧徒，拆毁寺庙。至赞普赤松德赞年长亲政，才复兴佛教。赤松德赞在位时从印度请来寂护、莲花生，营建桑耶寺，度僧出家，建立僧伽制度，迎请译师翻译经典。他还曾召集佛教徒与苯教徒进行辩论以灭苯兴佛；又举行汉僧与印僧的辩论以统一信仰。但在赤祖德赞执政时，反佛大臣谋杀了他，拥立其兄朗达玛嗣位，禁止佛教在吐蕃境内流传。经过此次禁佛运动，100 多年后（838～978 年），佛教才从多康地区重新传入西藏，开始了后弘期。后弘期藏传佛教正式形成。这一时期藏传佛教的特点，一为大量传译印度波罗王朝时期盛行起来的密教无上瑜伽部的经典和法门，一为以密教传承为主形成各种教派。200 多年里，不仅印度许多显密兼通的高僧到西藏传法译经，西藏也有大量僧人前往印度、尼泊尔学法，这些僧人后来成为著名的译师。这些译籍以后都被收入甘珠尔和丹珠尔中。藏传佛教的各派，是在后弘期因传承的不同而逐渐形成的。较大的有宁玛、噶当、萨迦、噶举、格鲁等派，较小的有希解、觉宇、觉囊、郭扎、夏鲁等派。

柳梧村村民信仰的藏传佛教，分为两种教派：一是本村寺庙所属的萨迦派，二是具拉萨传统的格鲁派。

二　宗教场所概况

柳梧村只有一座寺庙（见图 5-1），寺庙叫嘎琼祖拉康（音译），位于村委会对面、新村和老村之间，该寺庙修建于公元 7 世纪左右，是藏王赤松德赞为他的儿子——赤德松赞修建的，最初建庙共有九层，全木结构，在四个方向分别建有象征平安、财富、长寿、好运的塔。赤松德赞曾在佛祖面前许下承诺，要像松赞干布修建大昭寺、小昭寺一样，在吐蕃修建寺庙，传播佛教。赤德松赞也在庙前的石

图 5-1 柳梧村寺庙门口（2007 年 8 月 1 日 陈朴摄）

碑上留下文字，教育后人要好好保护它，佛祖将给人们带来健康和幸福，反之则会遭受不幸。他告诫后人要向道行高的僧侣学习，总结经验教训。这一时期，是藏传佛教"前弘期"的复兴时期。但是后来，寺庙被破坏。1959 年，村子里有名望的人组织对寺庙进行了维修，并在寺庙前立了石碑，用英、汉、藏三种文字记载寺庙的由来和历史。附近的居民都在这里进行朝拜和佛事活动。可是在 1968 年"文化大革命"时期，寺庙、石碑和四座塔又遭到了破坏，只留下了原来寺庙围墙和塔的遗迹，人们只能在周围象征性地进行佛事活动。

直至 1996 年，村民集体出资，重建了现在的寺庙，恢复了村民自己的宗教场所。寺庙建筑延续传统方式，石条作基础，地面以上是全木结构，寺庙分内外两间。内间有供奉的佛祖和供品台；外间类似大厅，一根柱子上挂着寺庙的规定，另一根挂着以前庙前石碑上记载的内容。寺庙内有个 50 平方米左右的小院子，对面是专供僧侣休息的房间。

　　信教的村民们每天早上 8～10 点都到寺庙里烧香，平时有需要做佛事的时候就到寺庙请僧侣。由于柳梧村就在拉萨城边，每逢初八、十五、三十，村民会结伴进城，到大昭寺烧香拜佛。大昭寺坐落在拉萨市中心，是西藏佛教徒心目中的金色圣殿。它始建于公元 7 世纪中叶，是西藏最早的木结构建筑，当时是两层船形神庙，后经历代多次增修扩建，形成今天占地 2.51 万平方米的大型建筑群。

　　每年雪顿节或者其他宗教节日，村民都到拉萨大昭寺参加佛教活动。

三　宗教教育情况

（一）柳梧村宗教教育情况

　　因为国家对少数民族地区教育的重视，加之拉萨火车站的建设和投入使用，柳梧村村民接受信息和外来事物的速度越来越快，人们的受教育情况也得到很大的改变，很少有人在寺庙接受宗教教育。本村的寺庙也不组织正规的宗教教育，寺庙里的驻寺僧人都分期在山南的桑耶寺学习和修行。村民虽然信教，但很少有人接受正规的宗教教育。

（二）村民子弟过去和现在接受宗教教育的情况

　　柳梧村村民过去因为贫困和宗教信仰，都把孩子送到寺庙里接受教育，但随着思想的进步和经济的发展，现在已经没有家庭再因为上述原因把子女送进寺庙。柳梧村村民的适龄子女现在基本上都在学校读书（疾病等特殊情况除外），几乎没有人在寺庙接受宗教教育。在调研中我们了解到，本村的寺庙里年龄最小的喇嘛刚珠 15 岁（2007 年），

2004 年来到本寺当小喇嘛，跟随师傅学习经书和佛法（见图 5-2）。师傅每天都要求他学习和背诵经文，他计划明年（2008 年）到桑耶寺接受正规的宗教教育。本村村民巴桑次仁的二哥也是僧人，在其他寺庙学习。另外一名僧人，也是本村村民，很少在寺庙出现，只有举办佛事活动时才回来。

图 5-2　调研人员和柳梧村寺庙里的小喇嘛

（2007 年 8 月 2 日　陈朴摄）

（三）寺庙教育使用的教材

在寺庙里学习用的都是藏文经书，没有其他的正式教材。

（四）宗教教育的经济基础

寺庙的收入主要来源于僧人外出化缘和佛事活动收入，另外就是村民们的布施和捐赠供奉，僧人还在院子里栽种了蔬菜自给自足，每年寺庙的支出在 2000～3000 元，收支基本能够达到平衡。有了一定的经济来源作基础，寺庙便可将驻寺僧人送到其他规模大的寺庙接受教育。

四　群众的宗教支出

柳梧村村民的宗教支出主要是自己在信教过程中的香火钱，信教的村民每天到寺庙烧香、拜佛（见图 5 - 3、图 5 - 4），人均每周花费 5 块钱左右。每月的初八、十五、三十等，村民们还会搭乘交通工具或者步行到大昭寺去祈

图 5 - 3　柳梧村寺庙内的佛像（2007 年 8 月 2 日　曹佛宝摄）

图 5 - 4　柳梧村寺庙门口的转经筒（2007 年 8 月 1 日　曹佛宝摄）

福还愿，一次平均消费 20 块钱左右。但是随着经济和思想的进步，村民们已经不是每天都去寺庙了，有些村民只在重大节日或自己有意愿的时候才去寺庙。村里的寺庙维修由村委会和宗教管理委员会负责，寺庙自己也有收入来源，而对于寺庙的支出，全部出于村民自愿。在这种情况下，人均宗教支出减少了，群众的宗教负担也减轻了很多。

五 主要宗教活动

由于柳梧村属堆龙德庆县管辖，我们在堆龙德庆县民族宗教委员会的调研中发现，堆龙德庆县共有 51 座寺庙，有僧人驻寺的仅有 29 座，共 300 人。每年各乡、村寺庙定时举行大、中、小规模的佛事活动。由于柳梧村的寺庙规模不大，只有四名僧人在册，所以自己不组织大规模的宗教活动，只是在村民的邀请下进行佛事活动，参加其他寺庙的活动。2007 年的雪顿节期间，寺庙里的僧人除了小喇嘛外都去参加展佛活动了。

六 依法治教情况

柳梧村寺庙嘎琼祖拉康属西藏民宗委管辖，必须按照国务院颁布的《宗教事务条例》和西藏自治区实施的《宗教事务条例办法（试行）》，依法进行宗教活动。

第六章　柳梧村的社会事业

柳梧村与拉萨城区仅有一河之隔，教育、科技、文化事业、医疗及各项社会事业相对发达。近年来，随着"沿河开发"战略的提出，自治区政府准备把柳梧村建设成拉萨具有副中心地位的新城区。特别是随着青藏铁路的正式通车，作为拉萨火车站所在的柳梧村，城镇化进程以跳跃式的方式推进。城镇化的推进势必会给教育、文化、医疗事业和科技推广工作带来挑战，也带来机遇。

第一节　柳梧村村民教育

一　教育设施

柳梧村完全小学是堆龙德庆县柳梧乡除中心小学外唯一一所完全小学。学校于 2006 年由政府和柳梧村委会共同新建并投入使用。学校地处柳梧村北京大道（北京市援建）西侧，离拉萨火车站直线距离不足 300 米，路程约 500 米。学校占地约 10 亩，建筑总面积 877 平方米，其中，教学用房面积 379 平方米。学校建有教室 6 间，教室宽敞明亮，窗户面积标准，灯管齐全，课桌椅子都是新置的。另外学校配用一间集会议室、实验室、图书室为一体的教学用房，该房间面积约为 50 平方米，内有办公桌、坐椅（其实是学生课桌、椅子充当的）、学校规章制度陈列牌、学校简介栏、教材样本栏、简易教学实验仪器以及墙上挂有许多名人头像的相框。学校的东面建有一个标准篮球场，球场边建有升旗台和几座乒乓球台（见图 6 - 1、图 6 - 2）。学校西北角是教师用房，房屋面积较小，很多教师将其作为居家和办公两用。在教师宿舍边上有一间小卖店，及厨房、餐房各一间。

图 6 - 1　柳梧村完全小学操场（2007 年 8 月 5 日　曹佛宝摄）

二　村民子弟的就学状况

（一）学前教育

柳梧村至今还没有一家由政府筹办或由政府主导筹办的公共幼儿园，学前教育发展比较混乱无序。有部分家庭条件较好或家长在拉萨城区做生意和上班的，就把小孩送到拉萨市区幼儿园上学。也有部分家长把小孩送到村里私

图 6 - 2　柳梧村完全小学乒乓球台（2007 年 8 月 5 日　曹佛宝摄）

人幼儿园上学的。村里私人办的几家幼儿园规模非常小，管理不规范，师资力量欠缺且不稳定，带有帮助家长看护小孩的性质，因此，教学质量较差。也有部分家长忽视儿童学前教育，由一位成年人专门在家带小孩至上小学一年级的。

柳梧村家长对儿童学前教育普遍观念淡薄，在笔者入户调研的 46 户家庭中，有许多家庭都有学前儿童，但几乎没有家长会有意识地对小孩进行学前教育，如有意识教小孩写字、唱歌、画画以及客厅墙上挂上儿童识字表和拼音字母表或一些识物识字表。根据我们与村民的一些交谈，发现其主要原因有以下三个方面：一是家长自身普遍没有文化；二是村里接受了较好教育的家长普遍在忙生意，没时间兼顾孩子的教育；三是部分村民根本没有意识到学前教育的重要性。

（二）小学教育

柳梧村完全小学 2006 ~ 2007 学年度在校学生有 204 名，

其中，男生 97 名，女生 107 名。据坚才校长介绍，现在村民送子女上小学的积极性非常高，正常入学率达 100%，失学的主要原因一般是其自身素质不适合上学。在笔者入户调研的过程中，就发现了该类型的特例，例如，达瓦老人家的外孙今年 12 岁，因患有眩晕症而长期失学在家。

因为学校就在本村路口，学生上学非常方便。基本上都走路上学，在柳梧村南边的两组村民家的小孩上学路程相对较远，最远的有 1.5 公里左右，也有部分家长骑摩托车送小孩上学。据学校老师介绍，近年来也有在柳梧村做生意的自治区外老板的小孩在柳梧村上学的，他们从内地过来，有利于文化的交流和传播（见图 6-3）。

图 6-3　柳梧村完全小学教室（2007 年 8 月 5 日　曹佛宝摄）

（三）中学教育

柳梧村没有驻村中学，村民子弟必须到拉萨市城区的中学上学。学生大部分住校，每周回一次家，也有部分同学，每天早去晚回。学生上学多乘坐公交车，每趟票价一元或两元，也有部分高年级同学喜欢骑自行车上学的。由于本村有十多位村民在跑 2 路或 301 路公交车，司机每天早出晚归，因此，本村学生上学乘车非常方便。

近年来，柳梧村对外开放的步伐迅速加快，城镇化进程飞速发展，汉语（普通话）应用能力与受教育水平总体呈正相关关系，它在发展各自家庭经济中的作用凸显。据村干部介绍，现在本村初中生失学现象很少发生。失学原因主要集中在自身因素上，如家庭贫困等，而家长重男轻女的观念在小孩完成义务教育方面影响很小，这一点也得到了笔者调研的证实。本村一小孩 14 岁（2007 年），两年前在柳梧村完全小学毕业，毕业后没有继续念初中，在本村的一座萨迦派寺庙当"小喇嘛"。当笔者问他为什么不像别的同伴那样继续念书，入住寺庙是不是父母要求的时候，他爽朗地回答："这不是父母的要求，我不喜欢读书，读书没意思，寺庙清静。"在调研中，我们发现还有另外一名女孩失学在家，当被问及为何不念完初中时，得到的答复是读书没意思，家庭困难当然是一方面，但不是主要的，关键是自己不想学。

近年来，柳梧村适龄高中生入学率大幅提升。根据柳梧村村委会提供的不完全统计资料，2005 年，柳梧村适龄高中生入学人数为 17 人，2006 年高中入学人数为 27 人。据村委会干部介绍，高中入学人数呈逐年攀升的势头。村委会为鼓励村民送子女上高中，对就读高中的本村学生进行奖励，普通高中每人 200 元，重点高中（指拉萨中学和拉萨北京中学）每人 500 元。

（四）高等教育

近十年来，有些柳梧村子弟奋发图强，寒窗苦读，接受了高等教育，完成了家庭几代人做干部的梦想。这无疑给了年轻后辈巨大的精神激励，起到榜样示范作用，近年来考取大学的人数逐年上升。村委会提供的不完全统计资料显示，2003～2006 年间，柳梧村在读大学生有 17 人。其中不乏考取区外重点高校的学生，如达瓦同学于 2003 年考取华中科技大学；2004 年有一本村子弟考取湖北长江大学；2006 年次白（简称）考取西安交通大学法学专业，格桑曲吉考取了上海大学语文系文科班，普巴次仁考取了中央司法警官学院；2007 年高考中，柳梧新村的一名学生考取了中央民族大学。村委会为激励本村学子奋发苦读、报效家乡，对考取大学的学生凭入学证明每人奖励 1000 元。

三　村民的教育观念及教育投入

（一）教育观念

村民教育观念日益增强，并逐渐认识到自身的教育缺陷及教育的重要性。在我们的 46 份有效问卷调查中，在回答"你认为制约本村发展的最主要原因是什么？"时，选择项为："（1）技术，（2）资金，（3）劳动力，（4）市场，（5）教育程度，（6）政策"。在这 6 个选项中，有 32 个样本选择了"（5）教育程度"。当问及"你最需要什么帮助？"时，在"（1）技术，（2）资金，（3）劳动力，（4）市场，（5）教育，（6）社交" 6 个选项中，有 29 户选择了"（5）教育"。由此可见，城镇化增强了人们通过学习知识改变命运的想法。正如达瓦老人的女儿说的那样："我没有读到书，不会讲汉话，谁会要我来工作，做生意更加不用谈了，以前还可以种种田，现在连田都没得种了，只能天天睡觉，连头都睡疼了。

希望自己的子女好好读书，学会讲汉话，不要像我一样，希望他们以后当个干部。"类似的回答也得到了多数群众的认同，其中有一位村民说："我才50岁，还有力气，他们（建筑工地）不要我，嫌弃我老了，其实是因为我没读书，不会讲汉话和不懂技术。"村民逐渐认识到了受教育的重要性和紧迫性，所以，近年来高中入学人数剧增。

（二）教育投入

同整个西藏其他村落一样，多年来柳梧村农牧民子女接受义务教育免收学杂费，这体现了党中央对西藏的特殊优惠政策。政府除给接受义务教育的学生免除学杂费外，还免费发放书本、作业本和校服。小学生只需购买一些文具用品即可。由于本村没有驻村中学，有初中生的家庭必须为孩子提供上学车费和就餐费。根据我们调研，中学生上学车费平均每人每月在30元左右，通学的同学每月大约为60元，住校的同学为每月20元左右。另外，家长每月给小孩的就餐费200～300元。据了解，初中生由于存在升学压力，家长也要提供一些学习资料费，如买一些辅导用书、综合测评参考书等书籍。

在非义务教育方面，高中生上学除每人每学期缴纳880元学杂费和适量的资料费外，其他开支基本上和初中生相同。幼儿教育由于出现无序发展的状态，根据笔者调研，不同的幼儿园收取的费用不等，收费幅度每人每学期300～500元。

总之，西藏的农牧民对教育投入较少，学校的乱收费现象也较少，这体现了党中央和自治区党委、政府对西藏教育事业的重视和支持。

四 其他知识的教育

除学校教育外，村民其他知识的专门教育相对欠缺，村委会至今还没有专门的图书室和阅览室。村民的再教育还没有形成固定场所，更没有制度化、系统化和机制化。但是，有些专门教育还是办得有声有色，如普法教育和卫生教育。例如，2007年柳梧新区管理委员会工商行政管理局对村民进行法制教育，现场对村民讲解如何检验不合格食品，并发放了部分宣传资料来教育村民如何维护消费者权益。在望果节期间，交警大队在村委会门前道路两旁挂起了许多交通惨案的宣传教育图片，以此来警示村民遵守交通规则，避免发生交通事故。在卫生教育方面，卫生所内及周边墙上张贴或画有优生优育、计划生育、母乳教育和一些疾病防治的宣传画。

五 师资队伍建设和教师工资待遇

（一）师资队伍建设

柳梧村完全小学共有教师15名，其中代课老师1名。按民族来分，藏族14人，汉族1人。按性别来分，男6人，女9人。按学历程度分，大专及其以上文化程度教师有9人，中专2人，初中4人。按年龄层次来分，20~30岁之间的教师有3人，30~40岁之间的教师有8人，40~50岁之间的教师有3人，50~60岁之间的教师有1人。按教龄来看，教龄在5年以下的有2人，在6~10年之间的有1人，11~15年之间的有7人，16~20年之间的有1人，20年以上的有4人。

　　按照上级教育主管部门的要求，拉萨市小学教师的学历水平应该逐步达到大专学历。按此要求，2 位中专学历的年轻老师参加了自修为主的学历资格考试，教育部门考虑到部分年龄过大的老师再学习能力较弱，因此对该校 4 位初中学历的老师（民师转编）不要求参加学历资格考试。目前 2 位中专学历的老师正在参加自修，两年后可以通过大专资格考试并获取大专学历证书。

　　堆龙德庆县教育局不仅重视教师的业务素质和学历水平的提高，也非常重视师德师风建设。据坚才校长介绍，教育局要求各乡教育办在每个学期开学前对全乡教师进行一次师德师风培训教育。除此之外，柳梧乡教育办还要求每位教师在每学年结束的时候上交一篇关于师德师风方面的论文或小结。柳梧村完全小学教师尽管没有福利和津贴，但他们基本上都兢兢业业地工作，踏踏实实地为人师表。在我们对部分学生的随机调研中发现，学校教师都非常爱岗敬业，对学生爱护有加（见图 6-4）。

图 6-4　柳梧村小学宣传栏（2007 年 8 月 5 日　曹佛宝摄）

（二）教师的工资待遇

据坚才校长介绍，至 2007 年，学校 15 位教师的月平均工资大约为 3400 元，其中有一位代课老师的月工资仅为 450 元，最高收入者月工资 4500 元左右，是前者的 10 倍。另外，政府还给公办老师配套办理了住房公积金和医疗保险。但谈到教师的其他福利和津贴的时候，校长显得很为难，学校除给每位教师一间教师宿舍供办公、居家两用外，不能给教师提供任何福利待遇。上级政府主管部门和业务主管部门没给学校下拨办公经费，主要的教学用品都是上级免费拨发的。让人感到不可思议的是，就连学校水电费也不经过学校账户，收取单位直接把收据交给政府，由政府缴费。幸好，柳梧村村委会每年给学校赞助 1000 元作为正常办公费用。

六　教育存在的主要问题及对策建议

（一）主要问题

1. 观念问题

笔者在对柳梧村的调研中发现，尽管近年来村民教育观念日益增强，逐步认识到了教育对改变子女命运的重要性，但是，村民对受教育目的的认同存在偏颇。在问及"你供小孩读书，希望他（她）长大后做什么？"时，普遍的回答是："最好希望他（她）长大当干部，每个月都有几千元。"开明一点的家长回答："现在会讲汉话才能做好生意或开车。"家长这种功利性的教育观念显然不利于孩子健康价值观的形成和良好个性品质的构建。

2. 学校经费的投入问题

上级部门没有给柳梧村完全小学下拨正常且必须的帮工经费，这给学校正常的教学带来或多或少的被动，显然是不符合财权和事权相统一的账务管理模式的。这种模式使得学校的教学管理很被动，无法实施正常的激励机制，最终影响教学质量。对此，学校领导只能以"有些东西我们也没有办法"来勉励教师继续努力工作。这样就容易使教师产生悲观预期。教育事业是需要激情才能做好的特殊工作，对教师特别是小学教师来说更是如此。

3. 城镇化过程中学校教育发展的前瞻性问题

根据西藏自治区对柳梧新区的规划要求，柳梧新区将发展成为能够容纳 4 万 ~ 5 万人的新城区。2007 年 11 月起，将启动大规模的新城区建设，最近几年内是柳梧村城镇化的飞速发展期。柳梧村完全小学现仅有 379 平方米的教学用房，完全不能适应城镇化过程中生源快速增加的要求。同时，柳梧村完全小学在建设规划中没有预留运动操场，忽视了学生体育素质的发展。另外，笔者发现，由于村里至今还没有新建公办幼儿园，很多驻村外商考虑到小孩上学的困难，存在是否长期在柳梧新区投资的顾虑。

4. 其他方面存在的问题

（1）法制教育还没有纳入系统工程，村民的法制观念淡薄。

（2）卫生教育需要再上一个新台阶。卫生所尽管做了大量的工作，如张贴宣传画、医生讲授卫生常识等，但许多村民在优生优育、艾滋病和安全套用途等问题的认识上仍然较肤浅，甚至是一无所知。

（3）环境教育还处于真空状态。在举行望果节的两天时间内，基本上每个家庭的小孩花费吃零食的费用有几十元，柳梧村村委会院子内及门口道路上到处是厚厚的食品包装袋。另外，驻村的 85 家工商企业在环保自律方面也有不尽如人意之处，如餐馆、茶馆，随意把废水流洒到道路上。

（二）对策建议

根据以上情况，笔者认为应该做好以下几个方面的工作。

（1）村委会和柳梧村完全小学应加大宣传，逐步改变教育观念。在"教育应培养什么样的人"问题上，一方面，村委会干部要以身示范；另一方面，学校老师要在平时的教学中贯穿"以人为本，全面发展"的思想，逐步改变"受教育仅仅为了当干部"或"受教育仅仅为了挣钱"的思想，让学生和家长认识到"只要人的全面素质提高了，想做什么都能做好"。

（2）加大学校经费投入。政府部门、教育主管单位和柳梧村村委会多渠道共同解决学校的长期办公经费问题，增强学校的经费使用自主权，使之达到事权和财权的平衡。学校利用经费，加强正常教学物品的及时购买，同时建立相应的教师激励制度，促进学校管理的规范化、制度化和机制化。

（3）在柳梧新区建设过程中，对新增教育用地的选址、规模和布局等因素进行科学规划、专家论证，体现前瞻性，满足城镇化发展对教育规模的需求。

（4）加快村委会图书室、阅览室建设，改善村民自主再学习、再教育学习的环境。

第二节 柳梧村科技

一 农业科技主管部门变迁

堆龙德庆县曾是个农牧业经济占主导地位的大县，有关科技的研发和应用，均围绕农牧业的发展进行。西藏和平解放前，科技事业仅仅停留在民间的能工巧匠和农牧能人的经验由师徒相承和父子相继上，除此之外，没有任何科技活动和专门推广科技工作的机构。1962年，县里成立了农技站，开始农业试验田工作。1966年，县农技站撤销，农技干部下放到各区社，指导农技工作。1977年，县里成立了农科所，由8名农技干部组成，重点在农区开展农技推广工作，并成立了县、乡、村三级农科网组织。1985年，农科所改为农业技术推广站，工作重点转为新技术试验、示范和推广，并在6个乡镇设立了工作站。1994年，农业科技推广站改为农牧科技局，附属于农牧局，全面开展和推广农牧技术工作。1999年，堆龙德庆县被评为全国农业科技推广示范县。

二 农牧科技的推广

长期以来，县农牧局的科技人员，每年都到柳梧乡指导工作。春耕来临时，检查备耕工作，如机械维修、优良品种供应、种子包衣、农药化肥供应等；夏天，检查庄稼长势和病虫害防治；秋天，落实收割机械的装备和收割进程；冬天，抓土地平整。进入20世纪90年代，堆龙德庆县政府在发展农业上提出了三大基础工程，即沃土工程、种子工程和农机工程，借以促进该县农业经济的发展。经过长期努力，柳梧乡取得了可喜的成绩。据 2000 年统计，全乡 9399 亩耕地中，机耕面积达到 85%，机播面积达到 26.6%，有效灌溉面积达到 90%。据村干部介绍，进入 21 世纪以来，柳梧村的耕地面积越来越少，而且弃耕现象非常普遍，但是耕作机械化程度在不断提高，2006 年全村基本上采用了机耕。

使用良种和防治病虫害是堆龙德庆县种子工程的主要内容。数十年来，县农业科技人员，把选育高产、优质的品种和防止品种退化作为主要工作。柳梧乡农业所供应的所有种子都经过县农牧局把关，保证了种子的质量。2000 年，所有的青稞、小麦已实现良种化。据乡干部介绍，为防止病虫害，现在的种子都实行了药物处理的包衣技术。

长期以来，柳梧乡也对牧业做了大量的工作，如牲口的防疫、品种改良和饲料的改进，其中最重要的是改良工作。早在 1983 年，柳梧乡就开始黄牛改良工作，即用外来冷冻的优良品种的公牛精液与当地的母牛配种产生新一代黄牛，其产奶量多，体格肥大。近年来，柳梧村在政府的资助下引进了部分犏牛（优良公牦牛与母黄牛交配的后代）。

三　非农技术的培训

为适应城市化的需要，柳梧乡和柳梧村村委会审时度势，鼓励村民大力发展非农产业，其中重点鼓励农民发展交通运输业。据柳梧乡一位副乡长介绍，2006 年乡、村共同组织了汽车培训工作，2006 年柳梧村参加汽车驾驶培训的有 106 人。另外，乡政府还准备组织村民学习城郊农业栽培技术，如大棚菜、花卉和瓜果种植。

第三节 柳梧村的医疗卫生

一 合作医疗制度

柳梧村和整个拉萨市农区一样，于 2000 年开始实施农村合作医疗制度，采取大病统筹、小病就地治疗的方式，政府建立风险医疗基金。柳梧村村民如有大病须到拉萨市区医院就诊和住院治疗，其费用最高可按 60% 的比例在大病统筹基金账户中报销，其余部分由家庭自主承担。村民如有小病，可以到本村卫生所就诊治疗，费用从各自家庭的医疗账户中扣除。每个家庭都发放了一本《家庭医疗账户基金总账》。该账户显示，2004 年每位村民账户总额为每年 45 元，每年个人承担 15 元，从 2005 年 10 月起，每人基金总账每年提高到 90 元，每年个人承担降至 10 元，从 2007 年 7 月起，每人每年的基金总账又提高到了 110 元（见表 6 – 1）。

表 6 – 1 《家庭医疗账户基金总账》资金构成情况

单位：元

日期	总额	国家财政	自治区财政	拉萨市财政	县财政	个人
2004 年 10 月	45	15	10	3	2	15
2005 年 10 月	90	75	—	3	2	10
2006 年 10 月	90	75	—	3	2	10
2007 年 7 月	110	85	10	3	2	10

注：数据由柳梧村卫生所提供。

家庭医疗基金账户（见图 6 – 5）采取滚动累积制，剩余金额归个人账户，延续到以后可再用。基金账户规定，

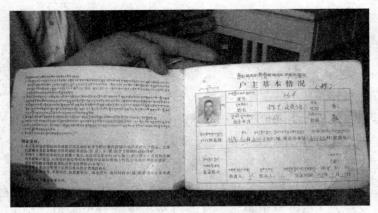

图 6 – 5　柳梧村村民家庭医疗基金账户
（2007 年 8 月 5 日　曹佛宝摄）

每人每次在卫生所就诊，个人账户支付额度为 15 元，但如
药品超过 15 元，可以使用其家庭成员的金额，但总数不得
超过全家人数的一次性支付额度，如一个四口之家，每人
每次就诊药品支付不能超过 60 元，超支部分由个人现金支
付。据医生介绍，该卫生所所有药品由上级按成本价下拨，
同时也按成本价提供给村民。另外，诊所不收取检查费，
所以不会出现超支现象，通常每人次药费在 3 元左右，即使
打吊瓶输液，每人次药费也在 10 ~ 15 元。

二　卫生设施

柳梧村卫生所坐落在柳梧村村委会和柳梧新区管理委
员会之间的一个小院子里。卫生所有两间房子，合约 50 平
方米。卫生所比较简陋，仅仅供门诊治疗使用，内设大药
架一个，小药架一个（悬挂在墙上），诊断床一张，治疗床
一张，长排椅子一张，凳子若干，资料橱一个。医疗设备
也比较简易，卫生所配有冷藏包、卫生包各一个，另外配

有注射器、血压仪、听诊器、体温计、B超、X光片屏幕仪等（见图6-6）。这些设备勉强支持门诊诊断和治疗普通疾病。

图6-6 柳梧村卫生所内（2007年8月5日 曹佛宝摄）

三 医务人员及其待遇

卫生所配有一名医生，男，藏族，曾经在医学院和西藏藏药厂学习和培训过。几年前，拉萨市卫生局将具有良好医学知识和实践工作背景的乡村医生、卫校和医学院毕业生进行统一培训，重点是西医知识培训，继而将他们分配到各驻村合作医疗卫生所工作。柳梧村卫生所的医生平时刻苦钻研，办公桌上放着几本医学专业书籍，经常翻阅和查找相关知识。同时，医生非常热心，善待病人。卫生所没有护士，每天都有10多位病人（一般在上午），从诊断、开药、讲解到打针都由一个人负责。他从不怠慢，每次都耐心解释，细心宽慰，因此深受村民的爱戴和敬佩。一位从日喀则远嫁到该村的妇女带着女儿来看病的时候，对我们说："村民都很喜欢他（村医），医术好，又比拉萨市医生的态度好。"

医生除了正常的医务工作外，还要给全村所有婴幼儿进行预防接种和参加村委会的一些日常工作，如全村幼儿、少年人数统计和村总人口统计及变更等一些报表工作。

医生收入主要靠两个方面：一方面，是国家财政下拨的补助工资；另一方面，是对每人次就诊患者收取的一元钱挂号费。2004～2006年间，国家财政给卫生所医生每个月拨付补助工资280元，从2007年起，每月改为补助400元。另外，柳梧村有1500多人和100多名外来人口，就诊人数较多，医生每年可以收取几千元的挂号费。就拿2006年来说，来卫生所就诊的本村村民达到5036人次。据医生介绍，他对外来人口就诊也收取一元钱挂号费，药费也较优惠，低于市场价格，差别主要在于外来人口没有医保，得自己掏钱看病。2007年，财政工资补贴调整后，预计全年医生总收入会突破1万元。随着下半年新区建设的动工，外来务工人口剧增，就诊人数也会增加，收入也会相应增加。

四 就诊和用药情况

柳梧村卫生所坐落在路口附近，位于村落的东西居中位置，村民小病就诊非常方便。每天上午，来看病的人数有10多人，其中以老人、小孩居多，小孩一般由大人带来就诊，不到50平方米的诊所里略显拥挤和喧闹。本村村民看病都会带上一本《家庭医疗账户基金总账》，另带上一块钱零钱作为挂号费。据医生介绍，现在村民只要有点小病，就会来卫生所就诊，另外还有些驻村经商和开办企业的外地客商也来就诊，2006 年约有 300 人次就诊。随着城镇化的加速，特别是随着 2007 年 11 月的新区大规模城建开工，外来经商和务工人数大量增加，来卫生所就诊的人数还会进一步增加。这样相应地会对卫生所的接纳能力提出新的要求。

柳梧村卫生所所有的药品都是由上级部门按成本价下拨的，同时也按成本价卖给村民（见图 6 - 7）。据驻村医生介绍，即使是外来客商或民工到卫生所看病，药品也基本上按成本价卖给他们，这一点得到了一位自四川来柳梧村开办招待所的老板的证实。笔者发现，村民看病用药确实便宜，注射一瓶 150 毫升的消炎盐水，外加一些口服药片，总资费在 10 元钱左右。医生坚持"适量用药"原则，主张不浪费国家资源，尽量避免一些地方出现的"大包小包，大罐小罐"的情况。笔者还发现，治疗一般性感冒、头疼和腹泻等小疾病，医生一般仅开够两天服用的消炎药片，用剪刀剪下实际所需的药片数目，通常不整盒或整板卖

图 6 - 7 柳梧村药品价格（2007 年 8 月 5 日 曹佛宝摄）

给病人。同时，卫生所免除村民的一切诊断费用、注射费和服务费。因此，村民的医疗消费非常便宜，据医生介绍，不输液的情况下，一般每人次药费在 3 元左右。输液（通常是 150 毫升）的话，每人次药费也不过是 10 元左右。

五　疾病预防及地方典型疾病的情况

按照上级卫生主管部门的要求，柳梧村卫生所非常重视疾病预防工作，尤其注重婴幼儿和青少年的预防接种工作。按规定，本村婴幼儿从出生到 8 个月内，必须到村卫生所免费接种疫苗。接种的疫苗包括乙肝疫苗、卡介苗、小儿麻痹症疫苗、百日咳疫苗、白喉疫苗和破伤风疫苗。有时候，医生还得到小学给小学生预防接种，通常是接种脑膜炎等疫苗。除此以外，医生经常向村民宣传医学知识和疾病防治常识。

和整个西藏其他村落一样，柳梧村地方典型疾病是肺结核。结核病又称为痨病，严重危害着西藏人民的健康。1979～1980 年，西藏自治区开展全国结核病、流行病学的抽样调查工作，这也是西藏防痨史上首次全国性调查工作。调查发现，西藏地区的结核病率居全国首位，其中尤以公路沿线和城镇的居民发病率高。这一调查结果引起了青藏公路和拉贡公路交会处的堆龙德庆县医疗卫生领导部门的重视。为此，县人民医院增设了相关的医疗设备，如 X 光检查等相关的检验设备，并增加了人员，以提高结核病的诊断和治疗水平。1988 年，为防止这种传染病危害到婴幼儿的健康，县政府在全县范围内逐步实现了接种卡介苗的防疫工作。自此以后，防治肺结核的工作便常年进行，从不间断，成为堆龙德庆县、乡、村三级医疗网的例行工作。

1995 年，堆龙德庆县人民医院成立了肺结核病专科门诊，增设了必要的医疗设备，为本县居民检查和治疗肺结核提供了方便的条件。该专科门诊有 8 位医护人员，他们依靠全县三级医疗网，对全县各地的肺结核疫情进行登记和防范，给患者建立病历档案，定期给予检查和治疗，发放药物如利福平、盐酸乙胺等，借以控制结核传播。自人民医院结核病防治科成立以来，从每年的 3 月 24 日防痨日开始，该科医护人员每月下乡 10 天巡诊，并传授乡、村级医务人员有关防痨的知识，告诉他们若发现前来就诊的咳嗽病人，经三周感冒治疗不见效者，亦须从肺结核病情的角度加以考虑，并告诫患者到县肺结核防治专科进行诊治。经过全面防治，肺结核病人逐年减少，1999 年，该县开展全面防治肺结核病的活动，结果发现病人数量大幅减少，治愈率大幅提高。当年到防治专科就诊的结核病人有 304 例，确诊病人 52 例，治愈 48 例，治愈率达到 81.35%。据卫生所医生介绍，通过多年来的三级防治，柳梧村肺结核病人日益减少，这主要得益于婴幼儿接种卡介苗的措施。

医生介绍，除肺结核外，柳梧村没有真正意义上的地方典型疾病。但近年来，村民患高血压的人数有所增加。医生认为，其主要原因是村民因征地补偿和大量从事非农产业，生活富裕了，劳动减少了。失地后，一些中老年人整天无所事事，再加上喜欢吃肉的饮食习惯使得他们容易患高血脂病，相应地导致高血压。现在有些村民在医生的教导下，逐步认识到饮食健康的重要性，开始改变原有的饮食结构，如增加食用蔬菜的比例，减少吸烟和喝酒。据医生介绍，现在年轻人抽烟的很少了，尤其是在读中学生几乎没有抽烟的。

六　村民对现代医学的认同感

堆龙德庆县历史上曾出过藏医名家。公元前 8 世纪初，藏医鼻祖宇妥·云丹贡布著有《四部医典》，自此以后，他家历代出藏医，对整个拉萨产生了重大的影响。但据村里的老人介绍，柳梧村由于地势偏僻（相对以前的区位来说），村民迷信，生病后经常请法师。西藏和平解放后，这种落后观念发生了重大变化，老百姓在政府的引导下逐渐开始相信现代医学。1965 年，当时的县卫生所开办了第三期卫生员培训班（其中包括兽医培训），全县各个行政村都配送了医务人员。自此，柳梧村村民的健康水平和医学观念得到了逐步提高。据医生介绍，现在所有的医院、卫生诊所的治疗方法都由过去的"藏医为主、西医为辅"转变为"西医为主、藏医为辅"。在此过程中，老百姓的医学观念得到增强，对现代医学的认同感得到提高，正如一位带着孙女来看病的老人说："现在的人幸福了，有病吃点药至多打两支针，一般两三天就会好，以前还要请人（法师）在家念经三天，熬上十来天病才好。"的确，今天的柳梧村村民认识到了医学的重要性。

七　农村合作医疗制度存在的问题及对策探讨

（一）农村合作医疗制度存在的问题

农村合作医疗制度给柳梧村村民带来了实实在在的好处，毋庸置疑，这是除 1980 年实行免征农业税外党中央对西藏农牧民采取的最大优惠政策。随着农村合作医疗制度的实施，农牧民的健康水平、健康保障能力得到了提高。

但是，在农村合作医疗制度的实施过程中，有些方面还不够完善。

1. 设备简陋

柳梧村是拥有 1565 人的行政村，另外还有不断增加的外来人口，卫生所房屋面积不足 50 平方米，显然不能满足村民日益增长的医护需求。另外，卫生所的医疗设备也较落后，除冷藏包、听诊器、血压仪、注射器、体温计、医疗床和诊断床外，没有其他更加先进的设备。诊断设备的过于落后，就容易造成医学诊断缺乏科学的依据，甚至造成误诊，延误向上一级医院呈送治疗的时机。

2. 账户平衡问题

在农村合作医疗制度中，供农牧民使用的账户有两个：一个是家庭医疗账户，另一个是大病统筹账户。根据规定，农牧民大病住院从大病统筹账户中只能报销 60% 的医药费，剩余部分由个人承担，这对普通家庭来说仍然难以承担。但笔者调查发现，家庭基金账户出现了用不完的情况，基本上余额较多。主要原因有三方面：一是因为药品按成本价卖给村民；二是因为免除诊断费、医务服务费；三是医生坚持"适量用药"原则。按照现在大病统筹基金账户的报销比例限额，农牧民得了大病，仍有因病致贫和因病返贫情况发生的可能。

3. 医疗组织下乡问题

农村合作医疗组织不仅在医疗基金来源方面提供合作，同时也应该给农村卫生所提供医术合作。农村卫生所医疗技术相对落后，需要上级医疗卫生主管部门和上级医院提供技术指导。医疗组织下乡或下村普及面还不广，还没有系统化、制度化。就柳梧村来说，除每年 3 月 24 日防痨日有县卫生局或县人民医院的专家会来村宣传、讲解和发放药品外，基本上没有别的专业疾病防治宣传和综合疾病防治宣传。

（二）农村合作医疗制度的对策探讨

针对以上农村合作医疗制度的政策和实施中所出现的问题，笔者认为要加强以下几方面的工作。

1. 多方筹集资金，加大对行政村卫生所的投入

一方面，要通过政府部门和村委会多方筹集资金，完善卫生所的建筑功能，如扩大建筑面积，建设基本附属设备如卫生间、自来水设备等，使其满足村民日益增长的医疗需求；另一方面，业务主管部门和政府部门要更新行政村卫生所的医疗设备，提高诊断的准确率，以防耽误送达上一级医院治疗的时机。

2. 平衡两大账户，完善《医疗风险基金账户》

由于大病统筹药费报销最高上限比例为60%，难以避免因病致贫和因病返贫现象的发生，与农村合作医疗制度的初衷不相吻合，但农民家庭医疗账户普遍存在用不完的情况，并且存在余额逐年增多的情况，因此，可以通过平衡两大账户来避免以上情况的发生。一方面，通过减少家庭医疗基金账户的资金和增加大病统筹基金账户资金，提高大病统筹药费报销比例上限；另一方面，建立和完善《医疗风险基金账户》，通过该账户，对个别年份大病报销支出较大造成的资金缺口进行补贴，保证各年份资金链顺畅。

3. 完善医疗技术下村制度，加强对口医疗技术援助和交流

通过制度化、机制化，进一步完善医疗下村活动，加大宣传和教育力度，使村民对一些典型疾病和传染病有一些基本的了解和自我保护意识。现阶段，特别要加强对高血压、肺结核、艾滋病和安全套使用的宣传。上一级医疗机构要对村卫生所进行对口援助，让指定人员对各村卫生所医生进行对口帮扶和交流。

第四节 柳梧村文化

一 村民的文化信息设施

柳梧村的文化设施状况与其作为"西藏最富裕的村"（柳梧乡一位副乡长所说）这一现状不相匹配，村民的信息获取渠道单一，主要依靠"耳闻目染"来获取信息。

（一）文化设施

柳梧村除了柳梧村完全小学有图书室（兼文化室、实验室、教师会议室、书库）（见图6-8）外，村委会还没有专门的文化室或图书室。村委会接待室除了有些零零散散的报纸、党建杂志以外，还有一些由上面下拨的书报如《拉萨晚报》、《中国统战工作》、《光辉历程——西藏自治区成立40周年》等。就村民家庭而言，在入户调研的46户中，无一户订阅书报。

（二）信息获取方式

柳梧村村民的信息工具主要有电视、手机和电话。村委会有电视机一台、电话一部。我们的46户有效调研问卷显示，有45户家庭拥有电视机，最多的一户六口之家拥有

图 6-8　柳梧村完全小学图书室（2007 年 8 月 5 日　曹佛宝摄）

5 台电视。无电视的仅有一家，情况特殊，她住在老村，离异，由于自家房子成了危房，按村委会规定，2003 年后不允许自家再盖房，她等着新区规划买新房，所以和妹妹合住。村里年轻男子基本上都有电话或手机，或两者兼有。令人遗憾的是，尽管村里电视普及率如此之高，但村里至今还没有安装有线电视网，只能收到中央一套、中央二套、西藏卫视一套和二套，且每天下午中央二套信号还不正常，无法看清电视画面。电视的信号质量也不好，于是有部分村民竖起了电视信号接收架，电视信号才得以稍有改进。

在被问及平时喜欢看哪些电视节目时，90% 以上的人回答"只看藏语频道"（XZTV - 1），主要原因是听不懂汉话。在价格信息的获取方面，柳梧村人主要靠讨价还价来获取信息。当被问及"你是怎样知道所买物品价格？"时，在"电视广告"、"宣传单"、"听别人说"、"讨价还价"和"干部提供价格信息"五个方面，46 份问卷中有 42 份选择了"讨价还价"。其中没有一人认为广告信息是可靠的，正如一位老人所说："广告都是骗人的。"

二　村民的体育设施

至今，村委会还没有专门的体育设施，但柳梧村完全小学有篮球场、乒乓球台。部分青年和放假回家的大学生偶尔会到学校里面来打球，平时很少有村民来锻炼。相应地，村委会也没有组织体育活动。但对很多老年人来说，经常走路去逛寺庙，边走边转转经筒和念经也许是最好的锻炼。

三　其他文化设施及文艺组织活动

据我们对 46 户的入户问卷调查统计，有 38 户家庭拥有 DVD 播放机、音响，它们大多数是买电视的时候配套购买的。另外，有 30 户家庭有收音机。村委会拥有录音机、大型音响和广播喇叭各一台。村民们特别是一些中老年人平时喜欢听藏文歌曲或观看藏戏影碟，甚至许多中老年人边听边唱，一派陶醉的样子。

在文艺活动的组织方面，最隆重的莫过于一年一度的藏历年和望果节的唱戏。村委会一般会请来戏班子，租来音响设备并邀请各方宾朋好友参加观看。以望果节为例，尽管现在种粮收入不足柳梧村村民收入的 10%，但节日依然隆重。村委会花费 2 万元请来两支文艺队，第一支表演含藏语歌舞的混合节目，第二支表演藏戏节目（见图 6 - 9）。村民的积极性很高，大多席地而坐观看节目，同时也有家庭在村委会内外用布绕几棵树围起一个圈，在里面逍遥地喝上两天酥油茶、啤酒、青稞酒，或和亲戚家人打打扑克牌和麻将过林卡。村委会邀请来的贵宾坐在二楼走廊，观看节目。望果节上最快乐的莫过于孩子们了，村委会门口大道两旁满是临时商铺，小孩子们拿着钱买着吃的，玩一些从没玩过的活动，如丢圈子、脸盆套奖品等。他们的高兴程度不亚于内地的小孩过春节。

图 6 - 9　柳梧村邀请的文艺表演队（2007 年 8 月 3 日　曹佛宝摄）

　　据村主任介绍，2007 年全村在望果节的花费可能要超过 2007 年全村种粮的纯收入。村委会除花费 2 万元请戏班子外，买吃的用去 1 万多元，另外每户村民在望果节两天的花费也在 300 元左右。2008 年村里会有更多的新区项目开工，可耕种的土地面积进一步缩小，只剩下 618.3 亩土地可供耕种，而且很多农民走上了非农致富道路，即使有可供耕种的土地也会弃耕。当问及村干部是否也会如此大规模地投入兴办望果节时，我们得到的答案是肯定的。望果节作为传统节日，村民们过望果节时洋溢在脸上的陶醉笑容已经超越了是否种粮谋生和是否丰收等问题本身。

附录一　专题报告

专题报告一
青藏铁路开通一年后对沿线村、镇的影响
——青藏铁路开通和拉萨火车站建设对柳梧村的影响

一　拉萨火车站和柳梧村的概况

拉萨火车站是青藏铁路线上最大的火车站，也是青藏铁路的标志性工程之一。火车站位于拉萨市堆龙德庆县柳梧乡境内，与布达拉宫隔河遥相呼应，海拔3600多米，是青藏铁路的终点站，也是全线最大的客货运输综合站。拉萨火车站主站房矗立在广场南侧，整个车站内外装修采用白、红、黄三种藏式建筑装饰风格，车站设计为两层，既渗透着藏族传统建筑文化的元素，又体现着现代化建筑的风格。车站外观和站内的各种设施的颜色、花纹，处处洋溢着浓厚的藏族风情。

堆龙德庆县柳梧乡柳梧村紧邻拉萨河南岸，与拉萨老城隔河相望，村以北，通过柳梧大桥，直接连接老城市中心区，并通过拉贡高等级公路到达贡嘎机场；向南，可通

过规划中的东环路到达乃琼铁路货运基地；向东，可通过滨河道路与川藏公路连接，到达林芝昌都等藏东地区；向西，可通过滨河大道与东环路形成环路，青藏铁路拉萨客运站和汽车客运站坐落于该村西北部。东沿孜村，南靠山南，西至桑达村，北临拉萨河。柳梧村交通便利，拉萨火车站就坐落在离村不到一公里的西北方向，去内地十分便利。离村不足百米的地方，便是公交车站台，从火车站到市内的 89 路、86 路公交车每 20 分钟一班，票价一元，其中，89 路公交车经过拉萨中心——拉百到公交总站，86 路经过德吉路到北郊客运站。

二 青藏铁路的通车和拉萨火车站的建成对柳梧村积极影响的分析

青藏铁路的通车和拉萨火车站的建成已经一年多了，在过去一年多的时间里，火车的开通为西藏经济社会各项事业的发展注入了新的动力。在货运方面，西藏需要运输的物资越来越多，集装箱货运列车的开行使青藏铁路的运输效率得到大幅提高，把西藏完全带进了全国统一的大市场，以青藏铁路为轴心，辐射成都、西安、兰州、西宁等地的新经济带初步形成。在第三产业方面，在通车的一年里，旅游业增添了新的动力。仅 2006 年，西藏接待游客就达 251 万人次，同比增长 39%，旅游业已成为青藏铁路通车后增速最快的产业之一。在拉萨，许多藏式家庭旅馆纷纷开业，目前已有 40 多家，在我们调研期间，客房几乎天天爆满。招商引资方面，青藏铁路开通一年来，招商引资达到了 45 亿元人民币。不少当地的企业还提出了"发展西藏市场、开辟内地市场、打开国外市场"的营销计划。

从以上分析可以看出，青藏铁路的开通对西藏的经济战略实施、产业结构调整、劳动力就业等都产生了很大影响，那么，作为离拉萨火车站最近的柳梧村，在通车一年来受到了什么样的影响呢？

青藏铁路通车和拉萨火车站的建成对柳梧村产生了直接、积极的影响。

（一）青藏铁路通车和拉萨火车站的建成直接促成了柳梧新区（简称新区）的建设，新区的建设将给柳梧村带来前所未有的发展机遇

新区规划用地布局由北、中、南三个组团构成，其中北团组是新区重点启动开发建设区，拉萨火车客运站就位于该区内。该区规划控制区面积 9.04 平方公里，规划用地面积 6.44 平方公里，规划常住人口 3.5 万～4 万人。其中启动区承担了城市次中心及区域客运枢纽两大功能，由客运综合体、商业区、行政区三大部分组成；商业区内安排了商业金融、餐饮服务、商业性办公、公寓、旅游服务基地等功能；行政区内规划了行政办公、图书馆、文化活动中心、青少年活动中心等公共设施。

柳梧村正位于重点开发区之内，新区的建成将使村民转变成城市居民，享受城镇居民的一切权利。新区商业区的建成将会给柳梧村带来巨大的就业机会。在市政府举行的 2005 年经贸洽谈会上，通过招商引资活动，引进企业 17 家，合同投资额达 8 亿元人民币。签订意向性投资的有 19 家，金额达 40.22 亿元人民币。出让土地 550 亩，应收取土地出让金 1.64 亿元人民币。目前，取得红线图和规划许可证的 9 家企业正在做方案设计，预计 2007 年底前将有 6 家企业开工建设。2007 年还将以挂牌方式推出新区房地产开发项目。目前正与浙江含量集团以挂牌的方式洽谈投资，投资额拟将达到 17 亿~18 亿元，还与重庆悦民房地产开发有限公司以挂牌的方式洽谈投资，投资额拟达到 4 亿~5 亿元。

随着青藏铁路开通和拉萨火车站的建成及柳梧大桥顺利通车，拉萨将形成老城区、柳梧新区、经济技术开发区，及资源互补、产业互动、和谐发展的经济发展新格局。柳梧新区区位优势显著，基础设施逐步完善。在拉萨市实现跨越式发展的形势下，柳梧新区将成为西藏有史以来最繁华、最现代化的一座新城区，发展的柳梧新区将给柳梧村带来更多的经商和就业机会。

（二）青藏铁路通车和拉萨火车站的建成使柳梧村村民更新了传统观念，积极投身于市场经济的大潮中

由于铁路建设，当地农民已从单一种植业中积极投身市场竞争中，转变了观念，增强了经济发展理念。柳梧村大部分农民从单纯的农业生产转向经商务工，由单一的种植业转向多渠道创收，柳梧村农民自己积极探索就业岗位。据 2007 年初统计，经商户数有 41 家（其中在柳梧工商部门登记注册的有：小百货店 22 家、甜茶馆 6 家、小型旅馆 11 家、洗车场 1 家、零售汽油店 1 处），经营年收入达 120 万元。此外，柳梧村村民利用地理优势，到拉萨市经商，已经融入拉萨市场经济的竞争中。有些村民的经营规模很大，已经成为该村的致富带头人。

在火车通车和拉萨火车站建成后，由于土地征用使得柳梧村村民从家庭收入结构、消费结构、住房结构到畜牧

养殖等各方面的传统观念得到了很大的改变，已经形成了具有城镇特征的家庭收入、消费、住房结构。总之，青藏铁路通车一年后，不仅调动了周边农民勤劳致富的积极性，而且也改变了一部分农民的生产、生活方式，最重要的是，人们的生活态度和观念也随之发生了深刻变化。

（三）青藏铁路通车和拉萨火车站的建成提高了柳梧村村民的生产、生活条件，增加了收入

（1）为配合青藏铁路开工建设，2004年经拉萨市发改委批复立项，柳梧新区筹备组在启动区内分期、分批承担了铁路拉萨客运站建设征收土地、房屋拆迁、农民新村建设任务。在建设新区中分两期、三种不同户型，修建了分为A（173.74平方米）、B（124.48平方米）、C（96.6平方米）三种类型的石混结构居民房。搬迁居民房屋共113套，安置铁路一期征地搬迁户71户，安置铁路二期征地搬迁户27户，加上其他原因而搬迁的，到我们调研时搬迁户已全部搬进新区。每套建筑造价为815元/平方米，按照每户700元/平方米让利给失地群众，政府补贴115元/平方米。柳梧村村委会为了解决住房问题，也建设了一部分房屋，各项标准都和新区前期一样，因此，新村现在一共有129户本村村民。新村的建设使得柳梧村的住房条件得到了极大的改善，生活质量也同时提高，这为改善新区农民的经济收入提供了有力保障。

（2）自铁路开工建设以来，柳梧村村民通过直接参与建设（铁路建设、道路建设、安居建设），增加了经济收入。据笔者调研得知，自铁路开工到2006年火车通车，村民们的收入主要有：①柳梧村村民参与建设的劳动力达

165 多人/次，直接经济年收益达到 180 万元；②柳梧村新增大型运输车 91 辆，参与建设年收入 500 万元；③柳梧村新增小型客货两用车 72 辆，直接经济年收入 280 万元；④柳梧村新增摩托车 63 辆，直接经济年收入 80 万元（运送施工人员）。

在我们调研的柳梧新村 46 户中，目前大部分是有收入来源的，搬迁后无收入户为 8 户，占被调查户数的 17.3%；家庭年平均收入低于 2000 元的有 14 户，占被调查户数的 31%；家庭年平均收入超过 5000 元的有 25 户，占被调查户数 54%；家庭年平均收入超过 1 万元的有 14 户，占被调查户数的 31%；扣除生产消费支出有积累的有 23 户，占被调查户数的 50%。在被调查的 46 户中，劳动经营收入的主要来源有：第一，货车跑运输，主要在建筑工地上拉建筑材料产生收入；第二，从事客运，主要是本村中巴客车在拉萨跑 2 路和 3 路公交线路；第三，小型客车（捷达等类型）在火车站拉送客人，这一部分的收入较少，每辆车每月纯收入也只有 600 多元；第四，在火车站打一些零工，这一部分是很少的，全新村官方统计数据也只有 15 人，我们的调查数据是 9 人；第五，开甜茶馆；第六，开沙场。

可以看出，青藏铁路通车一年来柳梧村村民的生产、生活都得到了改变，收入较通车之前得到大幅增加，促进了该村村民增收。青藏铁路的建设给柳梧村带来其他村没有的历史机遇。

（四）青藏铁路通车和拉萨火车站的建成改变了柳梧村的产业结构和就业结构

自铁路建设以来，由于铁路和火车站建设，国家相继在柳梧村征用了大批土地，农民们失去了土地，失地后的农民从单纯的农业生产转向经商务工，由第一产业过渡到第三产业。第三产业的兴旺发达是现代化经济的一个重要特征，发展第三产业不仅有利于促进市场发育，提高服务的社会化、专业化水平，提高经济效益和效率，方便和丰富人民生活，而且可以广开就业门路，因此，柳梧村产业结构的转变为柳梧新区的建设打下了坚实的基础。目前柳梧村失地农民的就业形势虽然很严峻，但已经就业的农民都是在从事第三产业，这种产业结构和就业结构相适应的状况，是符合经济结构发展规律的，这为以后新区的产业发展奠定了良好的基础。

三　青藏铁路通车和拉萨火车站建成后柳梧村面临的挑战

青藏铁路通车和拉萨火车站的建成在给柳梧村带来巨大机遇的同时，也带来了很大的挑战。柳梧村主要面临的是由于青藏铁路和拉萨火车站建设征用土地所引发的一系列问题。

（一）青藏铁路和拉萨火车站建设带来的就业问题

耕地被征用，对以种田为业的农民影响较大。村民一直以来都是以种田为生，没有其他技能，一旦失去土地，就会不知所措，很多家庭都在靠土地补偿款而维持生活，虽然我们调查的 46 户中，83.7% 的家庭都有收入，但是这些收入只能基本维持他们正常的生活消费，遇到超出日常支出的消费就只能花费征地补偿款了，在我们接触的发放调查问卷之外的家庭里，有很多都"坐吃山空"。这一现象的主要问题在于就业率太低，赋闲劳动力较多。我们调查的 46 户家庭里，人口一共 236 人，其中劳动力 108 人，赋闲劳动力 42 人，赋闲劳动力占劳动力总数的 40%，这是一个很高的比例。在我们的调查问卷中有一道题是："你现在最需要怎样的帮助？（1）技术，（2）资金，（3）劳动力，（4）市场，（5）教育，（6）社交"，回答的结果没有一项是我们问卷上的，他们的回答无一例外的是：最需要的是"工作"，希望政府给自己安排一份稳定的工作。在村民的观念中，只有政府出面找的工作才稳定。

在就业问题上存在如下问题：第一，赋闲劳动力无就业，于是形成了村里不稳定的潜在因素，因为就业问题该村曾两度越级上访，此事件引起了自治区有关领导的高度重视；第二，村民对政府政策的理解有偏差，造成村民对政府和干部的不满，影响基层政权的建设。

（二）青藏铁路和拉萨火车站建设征地引发的补偿款问题

补偿款问题是困扰柳梧新村的又一大问题，在调查的家庭中，最高的补偿款 39 万元，最低的 4.5 万元，10 万 ~ 20 万元之间的有 27 户，20 万 ~ 30 万元之间的有 9 户，30 万 ~ 40 万元之间的有 5 户，10 万元以下的 5 户。补偿款的用途主要有：①购置新家具；②补贴家用；③用来平分给子女分家购置房子和家具；④存进银行一部分以备不时之需。

在补偿款这一问题上村民主要存在以下三种情况。

（1）担心以后的生活。虽然补偿款看起来很多，但由于柳梧村按家庭拥有土地亩数分配补偿款，从而使农村中的特殊人群因婚嫁、上学、参军等不能公平享受集体土地征用后的补偿收益。而且这笔补偿款 2004 年就支付了，柳梧村村民在刚搬进新房时，购置了一大批家具，还有的家庭子女多，所以现在补偿款所剩不多了，村民们也就开始担心补偿款花完该怎么办了。

（2）对补偿的标准不满意。拉萨火车站建设从 2002 年开始，因此进行了三次征地，到 2004 年 6 月完成征地。为了支援青藏铁路建设，征地补偿标准按优惠的地价原则，有关人员依据《西藏自治区实施中华人民共和国土地管理办法》进行了计算，最后确定每亩标准 1.5 万元。据我们调研，群众对于这一标准普遍不满意，当初很多群众因此不愿搬迁，自治区、拉萨市、堆龙德庆县各级政府做了大量的群众思想工作。这一方面因为群众的恋家传统思想，另一方面就是因为补偿标准太低。浙江农村土地征用时，补偿额度为每亩 3 万~12 万元，尚且有学者在为他们鸣不平，何况西藏这种特殊的环境下，还存在物价水平高、民族关系复杂等因素，易产生因对补偿标准不满意而导致的对党中央关怀的怀疑，这深深地伤害了群众的感情，不利于社会稳定。加之，2005 年新区建设征地的补偿标准是每亩 3 万元，这更导致柳梧村村民对拉萨火车站征地补偿标准的不满。

（3）付出和回报不成正比。对于青藏铁路建设和拉萨火车站的建设，柳梧村村民付出了很大代价，补偿标准按低价折算，用次旺老人的话说："那么粗一棵树（用胳膊比划着）才补偿几十块钱，看着心疼啊。"而村民们想在火车站附近开些藏式餐馆做些小生意，拉萨火车站有关部门却迟迟不予批准。当时笔者见到的情景是，有四五家四川人在开商店，据说其中有一家是铁路公安处处长的亲戚，这样又加重了村民们对修建火车站对自身不利的看法。

（三）青藏铁路和拉萨火车站建设给村民带来的思想问题

（1）村民们存在火车站建设不利影响的观点。由于失地、补偿款和就业等问题导致村民普遍产生一种认识，即火车站的建设对他们是无利可言的。这是未能在火车站附近谋生群众的心声。在火车站谋生的村民也有不满，政府为了照顾柳梧村失地农民，专门允许他们在火车站拉客，但是收入是有限的，每月纯收入也不过600多元。这主要因为旅游的人都是组团旅游，旅游公司有专门的旅游客车拉客，普通的人去拉萨一般坐公交车或打的，这样会比较便宜。很多人还认为柳梧村的小型客车不正规，因而存在着恐惧心理，一般不会选择租用他们的车，除非客人们有很多的行李或有其他车辆到达不了的地方，因此生意一直不是很好，冬季几乎没生意。更有甚者，旅游公司的车也与之争客源，甚至因此出现群殴现象，导致恶性治安案件的发生。

（2）对村干部不满。由于在征地上访过程中，村干部出面做协调工作，所以村民们一直认为村干部没有维护他们的利益，而是始终维护政府的利益，加上村干部家庭的收入相对比较高，一部分村民产生仇富心理。通过我们的实地调研，村干部所做的工作都符合政策，收入也是合法合理的。村干部也是很委屈的，村民们不满上访，县、乡就要他们做工作，做不好工作还要受到批评和处罚。

（四）青藏铁路和拉萨火车站建设带来的贫富再差距问题

柳梧新村的贫富差距问题经历了"贫富差距大——贫富差距小——贫富差距又大"这样一种过程。这一过程的临界点就是 2004 年搬迁后补偿款的到位。没有征地以前就有一部分村民就已经在跑运输和做生意创收，搬迁前有具体收入的有 10 户，占所调查户数的 22％。这部分人随着改革开放的政策先富裕起来，与其他村民在经济上产生了一定的差距。2004 年征地补偿款发放之后，每户都有了一些钱，这种贫富差别不是很大。截止到我们调研时，有的家庭没有收入，用征地补偿款维持日常消费，款项也逐渐用完，这部分人面临着再次返贫的状况。还有一部分人用征地补偿款买了车或自己跑运输或参加村里的车队（村里成立了车队，由专人负责，统一经营，统一管理），这部分人通过跑运输也逐渐富起来，所以贫富差距又再次拉大。

（五）青藏铁路的开通带来的旅游业的发展对柳梧村的拉动效应较小

新区建设尚没有启动，游客出了拉萨火车站，一般被旅游公司和亲属接回拉萨，根本没有在柳梧村或火车站附近逗留的。一些有眼光的内地人，试图利用火车的影响，在柳梧村租了房子开一些小旅馆，但是由于上述原因，小旅馆经营惨淡，纷纷关门。

四　对青藏铁路开通和拉萨火车站建成对柳梧村影响的评价

青藏铁路开通和拉萨火车站建成给柳梧村带来了前所

未有的机遇，同时也带来了不得不面对的挑战，那么，对于这个"双刃剑"我们怎样看待呢？从不同角度来看，铁路开通可能会产生不同的结果，笔者认为应该站在历史发展和社会进步的角度来看待青藏铁路通车对沿线的不利影响。

当我们站在历史观的角度看这一现象时，青藏铁路开通和拉萨火车站建成给柳梧村带来的就业、贫富差距等一些问题是社会转型和城市建设中必经的过程，是阵痛，世界各地的社会转型和城市化过程都会出现这种情况。西藏这种情况的出现，正是西藏城市化进程的必然结果，这是西藏经济社会得以更好发展、人民生活水平得以更好提高的必经之路。柳梧村村民面对这些突如其来的转变，还没有做好充分的思想准备，产生了一些不满情绪，并对这种转变产生了恐慌心理，这也是一种正常的社会表现。但是，通过对柳梧村所带来的机遇的分析，可以看出，只要积极抓住机遇，发挥优势，该村存在的问题随着新区开发的不断深入，会得到较好的解决。

从社会进步的角度来看，拉萨火车站建设征地给柳梧新村带来的失地问题应当是一种社会进步，失地导致柳梧村村民开始改变传统的生产、生活方式，这是从传统农民转向市场经济下新农民，再到城市居民的过程，是从农村传统的经济体制转向市场经济下新农村体制的一个转型过程。这种过程虽带来一定程度上的"阵痛"，但同样带来了像信息知识等重要的生产要素，因此，对于失地问题，不能单纯地通过失地农民的意见而否定了它的长远利益。

旅游业的带动效应是有一定时滞性的。由于旅游配套设施还没有建成，所以旅游业在柳梧村还没能发挥出它应有的带动效应。

总之，我们相信，在自治区党委和政府的高度关注和英明领导下，柳梧村的问题不仅会得到很好的解决，而且柳梧新区的发展也会充满活力，借助得天独厚的优势，柳梧村的经济社会发展都会走在西藏的前列，人民的生活会更加美好。

专题报告二
西藏失地农民调研报告
——以拉萨市堆龙德庆县柳梧新村失地为例

一　柳梧村概况

柳梧村是拉萨市堆龙德庆县柳梧乡管辖的一个村，因拉萨火车站的建设和柳梧新区建设而出名。柳梧村紧邻拉萨河南岸，与拉萨老城隔河相望，整个村子背山面河，形成了相对独立的单元，地势平坦，有很好的规划适建性。加上与拉萨市距离很近，柳梧村就成为拉萨火车站和新区建设的首选之地，这也是柳梧村土地被大量征用的原因。柳梧村分为因拉萨火车站建设而搬迁的柳梧新村和原来的老村。我们此次调研选择了柳梧新村。

二　柳梧新村失地农民现状

随着西藏经济的快速发展，为了满足城市化建设和举世关注的国家重点建设项目——拉萨火车站建设的需求，柳梧村的农民作出了巨大的牺牲，为西藏的建设献出了他们最宝贵和赖以生存的基本生产资料——土地。

我们深入 50 户家庭进行问卷调查，收回问卷 50 份，有效问卷为 46 份，有效率为 92%，符合统计标准。所以，此次调研共 46 户、236 人，共失地 520 多亩。

（一）搬迁前后住房状况比较

衣食住行是人们的基本生活需求，安居才能乐业。柳梧新村统一规划，村容比较整洁，住房宽敞，基本上符合安居工程的标准。新村是属于整体搬迁的新村，政府统一规划了住宅，房子结构为上、下两层，有单独的小院，住房面积按不同档次分三种。政府根据搬迁前的人口和住房面积统筹考虑划分不同的入住标准。新房并不是政府完全免费提供的，而是按照每户 700 元每平方米的价格让利给村民，每套房子造价为 815 元每平方米，政府补贴 115 元每平方米。根据国家有关规定，因青藏铁路拆迁而搬迁的农户可按照每平方米 650 元的标准得到住房补助。实际上，这些搬迁户的旧房估价，每平方米也就在 100 元左右。这种折算方法是用原来房子的面积乘以 650 元，减去入住房面积，乘以 700，多退少补。如次杰达瓦老人家，原来房子面积是 11 柱（1 柱 = 22 平方米），折价 15 万元，现在住房面积 173.74 平方米，应该是 12 万元，政府就退了 3 万元。新房的优点是比原来的老房子整洁，布局合理，有客厅、卧室、卫生间，采光通风都很好，但厨房一般都是自己盖的。我们所调研的每一户客厅里都有电视机、VCD 机、音响等。在我们调研的 46 户中，搬迁后新增电冰箱和洗衣机的有 31 户，只增电冰箱的有 4 户，只增洗衣机的有 5 户，分别占所调查户的 67% 、9% 、11% ，这些家电都是在搬迁之后用土地补偿款购买的。不过令笔者感到迷惑的是，为什么村民们要买冰箱？该村最高温度也不过 27℃ ，当我们问到这个问题时，他们回答"别人买我们也买"，有点攀比的心理。

搬迁之前的房屋是传统的藏式住房，上面住人，下面养牲畜，基本上都是土坯房，条件较差。

（二）牲畜饲养现状

柳梧新村在没有搬迁之前家家都养牛养羊，最多的一户曾经饲养过 600 多头牛，品种包括牦牛、黄牛、奶牛。这些牲畜主要供全家的生产、生活所需，包括满足全家人的肉乳制品需求、帮助农业生产，很少以销售为目的。养殖多采用西藏传统的养殖方式，仍有惜杀的现象，且当时依然以拥有多少牲畜作为衡量一家财富的标准。虽然离拉萨很近，但养殖观念却没有多少改变。搬迁之后全村几乎很少有养殖的，应不存在畜牧业，在被调查的 46 户中有 10 户还有牛羊，不过这 10 户每户只有 1~2 头牛或 1 只羊，总计有牛 23 头、羊 2 只，其养殖方式为：轮流放牧或散养。所谓放牧，就是在村边附近有草的地方随便放养。问到饲养的用途时，回答多为习惯性养殖或者是食用需要，不过大部分家庭都在准备卖掉剩余的牛羊。新村不养牛羊的原因有：第一，现在的新房没有牲畜圈，无养殖空间。第二，未搬迁之前有地可种，小麦秸秆、青稞秸秆能用来喂牛羊，现在土地被征用了，牛羊没有食物，这也是最主要的原因。

（三）收入现状

柳梧新村村民的收入主要由两部分构成：一是补偿款，

二是劳动收入。补偿款分为征地补偿、青苗补偿、房屋补偿等。拉萨火车站征地从 2002 年开始，补偿的标准为每亩 1.5 万元，这一部分属于静态收入，按每户土地亩数多少进行补偿。

柳梧新村村民劳动经营收入的来源主要如下。

第一，货车跑运输，主要在建筑工地拉建筑材料产生收入。

第二，从事客运，主要是本村中巴客车在拉萨跑 2 路和 3 路公交线路。

第三，小型客车（捷达等类型）在拉萨火车站拉送客人，这一部分的收入较少，每辆车每月纯收入也只有 600 多元。

第四，在火车站打一些零工，这一部分是很少的，全新村官方统计数据也只有 15 人，笔者调查数据是 9 人。

第五，开甜茶馆。

第六，开沙场。

新村的劳动收入呈现出以下特点。

第一，收入的来源主要是运输业、服务业、商业等第三产业。这说明当地农民在失去土地之后，开始转变观念，增强了商品意识和市场观念，从单纯的农业生产转向经商务工，由单一的种植业收入转向多渠道创收，可以看出，该村失地农民已经开始积极投身于市场竞争中去了。

第二，新村家庭收入的多少，与人口和家庭劳动力的相关性较小。劳动力多的家庭平均收入并不一定高，年剩余积累也并不是最多的，这主要是因为赋闲劳动力多。比如，拉姆老人家有 6 口人，有 4 个劳动力，但是有 3 个赋闲在家，只有小儿子在外开车拉客，还有一个孩子和两个老人，因此他们家 2007 年收入 2.4 万元，而生活消费 2007 年 3.5 万元，入不敷出，这种情况让他们只能去花费征地补偿款。这种家庭收入的多少是和赋闲劳动力的多少相关的，而且呈负相关关系，即赋闲劳动力多的家庭，收入反而少。家庭年均收入低于 2000 元的有 14 户，皆为赋闲劳动力多的家庭。

第三，收入高的家庭，一般都是经营货物运输、在建筑工地拉建筑材料跑运输的家庭。据我们在建筑工地现场调研的情况，一辆大型东风车，一天能拉 11 车土料，每车大概装 17 立方米，一立方米 7 元，一天收入 1309 元。

（四）消费的现状

柳梧新村的居民已经开始改变传统的消费方式，改变过去靠土地和牲畜吃饭的自然经济状态，正在形成和城市居民相同的生活消费模式。食物全部是购买所得，所调查的家庭中年消费支出最高的达 4.8 万元，消费支出最低的也有 1 万元，消费支出的多少与人口的多少相关性很大，呈正相关关系。用次珍大妈的话说："现在的生活和城里人一样了，米面油盐都是从拉萨买，菜不用去拉萨买，有到村子里来卖菜的人，购买也挺方便，现在小孩子都不爱吃糌粑了，都喜欢吃馒头和米饭了。"这真切地反映出新村的消费结构正在发生改变。

宗教消费因家庭而异，一般是老人去寺庙里，每逢初八、十五去拉萨寺庙朝佛，每次花费 200～500 元不等；有的村民就到本村的寺庙朝佛，在本村的寺庙里有时可以不用花费，有时只用花费 10 多元钱。

（五）补偿款的现状

补偿款是依据《西藏自治区实施中华人民共和国土地

管理办法》进行计算的。

（1）土地补偿标准，按前三年平均年产值的6倍。

（2）安置补助标准：耕地——按征地前3年平均年产值的6倍；其他农用地——按临近耕地前3年平均值的4倍。

（3）非人工草地补偿标准：按临近耕地前3年平均年产值的2倍。人工草场补偿标准：按临近耕地前3年平均年产值的8倍。

（4）青苗：按当年作物的实际产值补偿；无青苗的按实际投入补偿。

（5）林地：按临近耕地前3年平均产值的4倍。

（6）宅基地补偿标准：按临近耕地前3年平均产值的4倍。

拉萨火车站征地从2002年开始，依据以上条款补偿的标准为每亩1.5万元，在调查的家庭中，最高的补偿款为39万元，最低的补偿款为4.5万元，悬殊的原因主要有：①原本人口少又生了孩子，孩子没有土地，娶过来的人也没土地，所以导致人口多、补偿款少；②原本人口多，现在人口少了，女儿出嫁，或儿子分家等，导致人口少而补偿款多；③年轻夫妇从父母处分家中得到一部分补偿款，也相对较少。

新村居民补偿款的用途主要有：①在搬进新房子后购置新家具；②在入不敷出时补贴家庭消费；③给子女分家购置房子和家具；④一部分存进银行。在我们调研快结束的时候，村里专门组织了一次村民存款活动，村民先把要存的钱统一交给村委会，由村委会统一去银行存储。这说明该村已经改变了过去不存款的传统观念，这是比其他农牧区观念先进的表现。

三 柳梧新村失地农民现存问题分析

（一）就业问题

随着城市化的快速推进，农村经济社会发生了深刻的变革，原有的就业格局被打破，大量的农村劳动力被抛离了原有的就业轨道，而又未能顺利进入新的劳动力市场。如何解决好农村城市化进程中劳动力的就业问题，成为亟待研究和解决的问题。在柳梧村城市化的过程中，劳动力就业已成为一个最重要的问题。

当问及村民："现在基本上都有车跑运输能挣钱，为什么还需要政府找工作？"时，回答有两种：一是跑运输不稳定，等新区开发完可能就没活可干了，还是政府给安排的稳定；二是当初火车站征地时曾许诺给他们工作，老人有养老保险。后来经过我们的调研证实，对于失地农民的就业问题，政府采取了"政府引导，自主择业"的方针；对于老年人的养老保险问题，则是统一纳入城市最低生活保障和养老保险中去，现在准备开始实施这一政策。村民始终认为当初政府答应了给他们安排工作，现在出尔反尔，因而产生不满情绪，但实际情况：一是失地农民的就业问题，政府采取的是"政府引导，自主择业"的方针，在市场经济条件下，社会很难达到充分就业的状态；二是新区现在还没有开发，无法提供充足的就业岗位。这种不理解和"等、靠、要"思想的存在才导致村民对政府政策的理解有偏差，从而产生不满。另外，村民的文化程度较低与政府的要求之间产生矛盾，县劳动局给该村提供了一些机会，但要求具有初中以上学历，该村赋闲劳动力大多没有初中文化水平，这也是造成村民对政府不理解的原因之一。

（二）消费问题

任何一个民族的生活消费都有一定的方式、习惯和偏好，西藏各民族的消费方式、消费习惯和消费偏好，是在特殊的社会生产方式下，经过漫长的历史演变，才逐渐形成和沿袭下来的。

柳梧新村已经改变了传统的消费方式，改变了过去靠土地和牲畜吃饭的自然经济状态，逐渐形成了和城市居民相同的生活消费模式。

这种消费方式的改变带来的不利影响如下。

（1）生活不适应。现在没有土地，没有牛羊，以前很方便获得的小麦、青稞、牛羊肉、酥油，现在都要靠买，这给一部分老年群体带来了很大的不方便。原因：一是他们的思想没有转变，认为这样不好；二是购买日常用品需要乘车，难以忍受车马劳顿之苦。

（2）消费不科学。村民们一下子有了这么多钱，加上有钱就花的传统消费习惯，村民们花钱大手大脚。在我们调查过程中，正好赶上村里过望果节，村委会门口有很多小商小贩，有些孩子花钱无节制，一把玩具枪9块多钱，一个小孩买了一把，坏了之后又买了一把，这个孩子不过七八岁的样子，就连七八岁的小孩子身上都装那么多钱，可见其家庭的花费开支有多大。在调查问卷中，"消费支出"一栏通过计算，我们得出年消费支出最高的家庭是4.8万元，消费支出最低的家庭也有1万元，这也只是最保守的数据。消费数额肯定远不止这些，原因在于：一是问卷没有设计出来某些选项；二是村民不可能事无巨细地把支出一一列出。这种无节制的消费，最后导致的结果只能是村民入不敷出，不得不用征地补偿款来维持日常消费，这也是村民们抱怨补偿款快花完的原因之一。

（三）贫富差距问题

柳梧新村的贫富差距问题经历了"贫富差距大—贫富差距小—贫富差距又大"这样一种过程。因前文已有论述，此处从略。

（四）住房问题

当前，西藏党委和政府正在积极构建和谐西藏，在农牧区实施"安居乐业"工程是构建和谐西藏的重要内容之一，柳梧村安居工程恰逢这一机遇，但仍存在着一些问题。

虽然村民们都住进了统一规划的标准新房，但是数量问题目前尚待解决。新村很多家庭都是父母儿女兄弟姐妹（已成家的）一起住，而房子面积最大的才170多平方米，所以很多家庭的年轻人都想分家过。一方面，现有的房子不够住；另一方面，已婚青年的思想已经转变，他们认为与父母兄弟姐妹分开过有好处，这样积蓄会多一些，矛盾会少一些。但是现在没有房子可供他们居住：一是房少，新村一共就规划了100多户；二是没钱，买不起房。为此，村里急人民所急，村委会自己建设了一批新房，因为承包给开发商建设的新房价格是815元/平方米，而老百姓只愿出和国家统一建设新村时的房价一样的700元/平方米，针对这一矛盾，村委会自行建设三排房（大概有40多户），最后以625元/平方米的价格卖给人口多、且能买得起的家庭居住，但这仍然不能够彻底解决问题，村主任说："现在新村还有 129 人要房子，下一步还要继续解决这一问题。"

（五）失地农民的思想问题

（1）拉萨火车站的建成对村民自身发展影响不利的观点。由于失地、补偿款和就业等问题导致村民普遍产生一种认识：火车站的建设对他们是无利可言的，这是没有在火车站及附近工作和经商村民的观点。在火车站谋生的村民也有不满，前文已有述及。笔者与火车站跑客运的柳梧村村民交流时得知，有时旅游公司的车在送完客人后不愿空车而回，与他们争抢客源，在村民与旅游公司交涉时，有些旅游公司甚至还找一批人大打出手，出现群殴现象，导致恶性治安案件的发生。

（2）对村干部不满。由于在征地上访过程中，村干部出面做协调工作，导致村民们一直认为村干部没有维护他们的利益，而是始终维护政府的利益，加上村干部家庭的收入相对比较高，一部分村民产生仇富心理。通过我们的实地调研，村干部所做的工作都符合政策，收入也是合法合理的，村民之所以产生不满情绪只不过是村民的思想偏差问题。村干部也是很委屈的，村民们上访，县、乡就要让他们做工作，做不好工作还要受到批评和处罚。

四 柳梧新村失地农民的优势和潜力

柳梧村相对于西藏其他村有着不可比拟的优势和潜力，这是自治区政府在拉萨市城市建设过程中给柳梧村带来的历史机遇。

（一）医疗教育费用支出相对较少

按照完善县级卫生服务中心和乡（镇）卫生院改扩建规划确定的目标，拉萨市及其相关部门积极争取国家、自治区和援藏投资 5883 万元，用于提高全市的医疗卫生水平。其中，市级卫生事业投资 3480 万元，县级卫生服务中心投资 2025 万元，乡（镇）卫生院投资 378 万元。堆龙德庆县和柳梧乡还进行了建立合作医疗家庭账户的改革试点工作，落实了中央对农牧区合作医疗的特殊补贴，于 2000 年开始实施农村合作医疗制度，采取大病统筹、小病就地治疗的政策，政府建立风险医疗基金。柳梧村村民如有大病须到拉萨市区医院就诊和住院治疗，其费用最高可按 60% 的比例在大病统筹基金账户中报销，其余部分由家庭自主承担。村民如有小病，可以到本村卫生所就诊治疗，费用从各自家庭的医疗账户中扣除。每个家庭都发放了一本《家庭医疗账户基金总账》，这种农村合作医疗制度使人民群众的健康水平得到明显提高，能满足人民群众的健康需求，达到了小病不出门的要求，而且基本免费，省去了很大一笔开支。

西藏自治区和堆龙德庆县人民政府承担学生的部分学习、生活和医疗经费，在我们的调查中，柳梧村小学生、初中生是不缴纳学费的，高中生每学期 400～500 元不等，所以，相对于全国其他地区，西藏的家庭省去了很大的一部分家庭支出。

（二）柳梧开发区开发在即，前景一片喜人

在调研快结束的时候，我们得知，新区建设在 2007 年

11月开始全面启动，这样，在劳动力就业和运输方面柳梧村又遇到了一次机遇。建成后的新区，将成为集宾馆、酒店、餐饮、娱乐、工厂等于一体的现代化开发区，医院、小学等设施一应俱全，这一发展结果会促进柳梧新村劳动力就业和失地农民增收。3~5年之间，整个新开发区就能建成，到时，失地农民存在的问题就能得到很好的解决。

（三）交通方便，信息畅通

柳梧新村与拉萨老城只是一桥之隔，基本与拉萨老城区连成一片，新区建成后，将划为拉萨市下属的一个区，为县级单位。柳梧村交通便利，拉萨火车站就坐落在离村不到一公里的西北方向，去内地十分便利。交通方便，使得各种生产、生活要素也就相对便利，各种新的信息能很容易地传递到村民手里。每家都有电话或手机、电视机，且能看上闭路电视，信息十分畅通。

（四）有发展第三产业的基础

据村长讲，20世纪80年代柳梧村就有人到拉萨去做生意，都是一些小本生意。村民们容易接受先进的文化和思想，容易转变观念和适应变化了的环境。

（五）自治区各级政府高度重视，村级基层政权战斗力强

自柳梧村开始征地搬迁时，就受到自治区领导的高度重视，自治区领导曾召开过各种专门会议。2003年11月，自治区支援铁路办公室（简称支铁办）同拉萨市政府、拉萨市直有关部门负责同志到柳梧新区现场办公，落实解决

群众搬迁安置事宜和柳梧新区农牧民转产增收事宜。区政府办公室、拉萨市政府办公室曾多次下文解决柳梧村失地农民的相关事宜。自治区有关领导亲自批示，在征地中留出 50 亩归村集体所有并进行开发，最后与村民分红。

柳梧村村委会工作认真，谋划长远，规划科学，为柳梧新村失地农民规划好了一个美好的未来。在村委会的帮助下，村里成立了运输车队，这一民间组织有利于提高运输效率，有利于解决因运输抢生意产生的矛盾，有利于维护农民工的工资等权利。在维护社会稳定团结的过程中，村委会发挥了战斗堡垒的作用。

五 意见和建议

现就笔者在拉萨和柳梧村调研期间的所见所闻和自身感受，针对柳梧村失地问题提出以下建议。

（一）认真分析因征用土地带来的当地农民就业问题，积极鼓励赋闲劳动力到拉萨市自谋职业

村委会应根据村民反映的情况，实事求是地分析问题，对村民的合理要求，要想办法加以解决，因为他们的牺牲是很大的；对于村民不理解和有看法的事情要耐心解释，使之思想上得到慰藉。柳梧村在交通上有得天独厚的地理优势，到拉萨仅需十几分钟，所以应鼓励赋闲村民到拉萨市区找工作，市政府也要制定相关政策，使商家不能故意设置门槛，可以出台奖励政策，每吸纳一名村民就业，就可以得到一定的补偿。在调查过程中我们发现，很多餐饮娱乐业都是简单劳动，但大多都是内地人在打工。之所以出现这种状况有两种原因：一是老板认为本地村民没文化；

二是村民们不愿到汉族人开的店里去打工，因此还需转变村民思想，增加就业门路。

（二）开辟专门的劳动力市场

拉萨市政府应积极探索劳动力市场的各种方式，出台有关政策，给予失地农民劳动力市场特殊的优惠。如在拉萨市专门开辟一块地方，供劳动力聚集，这种地方由市政府统一规划；地址的选择要交通便利，雇主方便到达，也不影响市容；或是已经存在的劳动力聚集点，可以放宽城市规划政策，进行保护，要做到以人为本，达到共建和谐拉萨的效果。

（三）发挥村委会和村干部的战斗堡垒作用，积极探索增收途径

柳梧村村委会还是比较有思想的一个集体，在大是大非面前能稳定局势，发挥基层政权特有的作用；村委会也在积极探索不同途径的增收渠道，并发挥了一定的作用。就目前的状况来看，村委会只有积极发挥战斗堡垒作用，在村民就业问题上继续探寻就业途径，才能彻底解决村民的后顾之忧。

（四）加快城镇最低保障和养老保险政策的落实

柳梧村将成立柳梧新区，划为拉萨市下属的一个县级单位。届时村民将转变成市民，城市社会保障也随之产生，城镇最低保障和养老保险也将实施，目前村民们很关注这一政策，政府为失地农民可以适当提前实施这一政策。

（五）紧紧抓住"东沿西扩、跨河发展"这一发展战略以及柳梧新区开发的机遇

拉萨市政府制定了"东沿西扩、跨河发展"这一发展战略，这对柳梧村是一个发展的机遇。再加上柳梧新区的建设，更为柳梧村带来了前所未有的发展机会，因此村委会要紧紧抓住这一机遇，提前做好各项准备工作，无论是在规划上，还是在思想、资金、技术、人才等方面，都要做好准备，等待开发热潮的到来。

专题报告三
培育雪域高原的企业家精神助推
柳梧村城市化进程

一　引言

柳梧村是拉萨市堆龙德庆县柳梧乡下属的一个村，因拉萨火车站的建设和柳梧新区建设而出名。在现阶段，柳梧村实现经济结构和就业结构转型尤为重要。

根据柳梧新区工商行政管理局 2007 年上半年的工作总结，柳梧新区目前有个体工商户 80 户，从业人员 115 人，注册资金 837350 元。其中区内个体工商户 19 户，从业人员 35 人，注册资金 83000 元；区外 61 户，从业人员 80 人，注册资金 754350 元。2007 年上半年新增个体工商户 18 户。个体工商户的增加，在一定程度上解决了部分失地农牧民的就业问题。区外个体工商户的增加为新区的经济发展注

入了新的活力，对新区的建设起到了一定的促进作用。另外，据村长普布顿珠介绍，柳梧村村民现在大多数拥有汽车，到目前为止约有 230 辆，其中东风牌工程车有 85 辆，中巴客车 46 辆，旅游客车 4 辆，大型挖掘机 5 辆，还有用于在火车站拉客的面包车、出租车以及一些耕地、拉货两用的手扶拖拉机，部分村民还买了私家车用于做生意或作为生活用车。

二　企业家以及企业家精神

企业家（Entrepreneur）一词源自康潜龙的《商业概况》[①]。而最早给企业家赋予明确定义，并强调企业家重要性的是萨伊，他在《政治经济学概论》中认为，企业家是那种具有判断力、忍受力等特殊素质以及监管才能等各种生产要素的组合者。之后，以马歇尔为代表的市场均衡学派对企业家的理论进行了研究，代表人物有奈特、卡森等。马歇尔在其《经济学原理》中认为，企业家的真正作用是承担、发现和修正非均衡的市场，企业家是企业组织的协调者、中间商、创新者、不确定性决策者和风险承受者等[②]。奈特从不确定性视角研究企业家，在《风险、不确定性和利润》中认为企业家通过承担风险而获得利润。卡森从综合分析企业家行为入手构造了一个企业家市场均衡模型，并认为企业家是专门就稀缺资源的协调作出决策的人。熊彼特认为企业家是与其创新职能密切联系的。柯兹纳则

[①] 约翰·伊特韦尔等：《新帕尔格雷夫大辞典》（第一卷），商务印书馆，1996，第 162 页。

[②] 阿弗里德·马歇尔：《经济学原理》，华夏出版社，2005，第 194 ~ 209 页。

强调企业家的洞察力。科斯把企业家视为企业内部资源配置的主体和权威。从某种意义上来说，每一个人都是企业家，正如米塞斯所说：所有人类都会有企业家要素。企业家概念的内涵是多种多样的，企业家含义的多样性取决于研究的目的和角度不同。

企业家精神和企业家不能混同，企业家精神只是企业家效能的外在表现，创新精神、拼搏精神、敬业精神可称为企业家精神①。Stevenson 提出，企业家精神是一个不管目前控制的资源，由个体追求机会的过程。而汪丁丁则认为，单独一方面并不能构成完整的企业家精神，企业家精神应该包括三个方面：首先是熊彼特所说的"创新精神"；其次是韦伯所说的"敬业精神"；再次是诺思在新制度经济学里提出来的"合作精神"。全球企业家精神检测机构（The Global Entrepreneurship Monitor）把企业家精神定义为：任何个人、团体或已建企业为建立新的商业企业或扩展现存企业所做的任何努力。除以上所列举的企业家精神因素外，笔者认为企业家精神还应包括冒险精神。对柳梧新区的创业者来说，冒险精神尤为重要。一方面，对区外创业者来说，身体对高原的承受能力本身就是一大考验，同时他们还必须放弃在家照顾老小的职责。另一方面，对所有的创业者来说，在柳梧村创业面临着与别的地方不同的制度风险，要承受政策不确定性带来的更大的政策风险。例如，由于柳梧新区 2007 年新区工程进度由 6 月推迟到 11 月开工，造成 1～4 月份柳梧村新建楼板厂的来自河南的创业者

---

① 梁洪学：《对企业家内涵的批评性分析》，《经济学动态》2004 年第 7 期，第 90 页。

亏损，同时计划该工程开工后为工地送馒头的两位老板的赢利期望也没能实现，这就是制度风险带来的不确定性对企业家的考验。

综上所述，尽管不可能人人都成为企业家，但企业家精神中的某些要素人人皆可有。企业家精神中的许多因素可以促进人们改变旧观念，转变生产经营方式，勇于创业，推动城镇化的进程。

三　企业家精神对柳梧村城市化变迁的重大意义

（一）企业家精神的塑造对解决失地农民就业问题具有促进作用

西藏自治区政府抓住青藏铁路建设的良好机遇，适时提出了"一河两岸、沿河开发"战略，准备将拉萨火车站所在的柳梧村建设成除城关区外的、具有副中心地位的新城区，使之成为拉萨市的物流中心、商贸中心。2002 年拉萨火车站建设征用了柳梧村（二、三组）的土地，随后2003 年、2004 年拉萨火车站和柳梧新区征用了村里的绝大部分良田。随着 2007 年 11 月新区建设大面积开工，整个柳梧村只剩下 678.13 亩耕地。据我们调研发现，柳梧村村民失地后或土地减少后，就业转型主要靠"政府引导、自主择业"。真正通过政府介绍就业的仅仅有拉萨火车站超市的销售员、清洁工等 15 个岗位。大部分村民通过创业来实现就业转型，据调查，本村村民跑 301 路、302 路公交路线的46 辆中巴车平均每辆可以带动 2 人就业（一人开车、一人卖票），本村村民开的茶馆、小零售店等平均解决 2 人就业，外地人开的商店、招待所、小饭馆、修理店、馒头店平均每家接纳本地人就业 0.2 人，驻村的 7 个沙场（3 个区内人开的、4 个区外人开的）平均接纳当地人就业 3 人。另外 85 辆东风牌工程车和几十辆出租车、面包车平均消化就业人数 1.5 人左右，驻村的 5 家水泥预制品厂和楼板厂平均接纳当地人就业 0.6 人。

（二）企业家精神对产业集群具有重要意义

一方面，企业家精神促使企业家通过自身的创新活动和冒险活动，积极改变和营造有利于产业集群发展的社会情境因素，从而促进集群萌生；另一方面，通过推动集群内企业家网络关系的发展从而保障集群的发展。村里一些素质相对较高、头脑灵活的村民在 20 世纪 90 年代末期就提出到拉萨闯闯的想法，也有部分村民在拉萨旧货市场做起了生意。随着拉萨火车站的建设，一些有文化的年轻人特别是村干部想到了买东风牌工程车拉沙石搞基建。产业集群得以形成和发展的另一个重要动力就是集群内企业之间的相互合作、相互联系，共同分享市场、技术、信息，形成既竞争又合作的内部关系，从而构成具有自组织功能的企业网络。这种网络平台的形成需要企业家们多次合作、反复博弈，同时需要企业家致力于构建该平台的锲而不舍的敬业精神和合作精神。例如，柳梧村的 85 辆东风工程车车主一致努力做大做强运输业，由村委会牵头，组建了一个工程车队，统一招揽业务，统一结账。同时，企业家的合作精神有利于形成相同产业链的不同企业的集群，例如，村里的水泥预制品厂和楼板厂需要购买沙场的沙子与石头，房地产开发商需要购买楼板和水泥制品，各个环节又需要运输业的支持，同时催生了馒头店、修理店等产业的集群。

（三）企业家精神的运用对提高村民收入具有显著效果

据我们调查，柳梧村现在来自传统农牧业的纯收入已经不足村民纯收入的15%，务工收入不足村民纯收入的10%。据村干部介绍，每辆东风工程车每年纯收入可以赚取纯收入 5 万 ~ 6 万元，每辆中巴车每年纯收入 4 万 ~ 5 万元，出租车则每个月纯收入大约为 600 元，村里的小店收入不等，平均每家每年 1.5 万元左右，沙场每年纯收入 12 万元左右，一些在旧货市场做生意的村民每年可赚取 10 多万元。

（四）区外企业家的投资可以带动本地村民的创业和致富

区外企业家在柳梧新区和本地村民的发展中扮演着重要角色。他们除了对经济产生直接影响外，还会对社区的发展产生间接影响，如推动柳梧新区发展，提供后续资金来源，为社区树立创业模范榜样，传播技术和管理经验，散播企业家价值观，增强经济发展活力。据我们调查，一位来自湖南、在该村开招待所的创业者就有在新区落户的打算，并且想加入到柳梧新区社区基建中去。又如一位区外创业者在柳梧村租用本地农田种大棚菜兼贩卖蔬菜，促进了部分百姓种植大棚菜的创业意念。

企业家精神对柳梧村的城市化进程的推进具有重要意义。而企业家精神的培育和构建是一个系统工程，涉及不同的部门。

四　培育和构建雪域高原企业家精神的路径选择

城市化的过程也是市场经济深入发展的过程，柳梧新区在谋求经济增长和社会可持续发展的过程中，除要关注社会制度、经济体制和发展规划外，企业家和企业家精神也是非常重要的因素。熊彼特曾指出，正是企业家将生产要素（资本、劳动和技术）组织起来进行生产，并通过不断地改变其组织方式，才带动了经济增长。隐藏在经济增长背后的"国王"就是企业家。

（一）培育认同企业家和企业家精神的社会价值观，塑造有利于企业家和企业家精神形成的价值取向

西藏人民长期受佛教思想的影响，"四缔"和"六道轮回"思想盛行，追逐经济利益的欲望不强，甚至有抵触和鄙视心理。尤其是一些农牧民长期受自然经济影响深重，自给自足，恋土情结很重，在我们的调查中得知很多中老年人甚至留恋种田的生活，尽管收入低下，还有部分家庭保留着养牲习俗。对柳梧村来说，要实现对经济结构迅速的战略调整，改变就业结构和收入结构，柳梧村村委会和柳梧新区管理委员会应该加大宣传和教育力度，促进整个社会形成尊重和崇尚创业及创业精神的社会氛围。全社会要建立容忍失败、激励创新的文化氛围，塑造创新光荣、守旧可耻的价值取向，使创业者成为经济社会生活舞台上的中心，成为受人尊重和扬眉吐气的英雄。为此，村委会和新区管委会应该积极选用部分思想积极并关心社会事业的、有成就的创业者加入党组织、村委会和行业协会。

（二）营造企业家健康成长的制度和法律环境

企业家精神的培育和构建与企业的成长机制、法律环

境密切相关，相应的管理制度不健全、不规范，成为企业家成长和企业家精神培育的重要制约因素。（1）要为企业家创造一个完善的市场法律环境，确立企业家的主体地位，形成对企业和企业家的法律约束和保护。一方面，企业家的行为规范受到法律框架的制约，确立公平竞争的市场环境。例如 2007 年上半年，柳梧新区管委会工商行政管理局先后出动执法人员 54 次，查处无照经营 11 户，查处销售过期食品经营 5 户，查处的过期食品 25 公斤，价值 0.22 万元。其中儿童食品 11 公斤，价值 0.11 万元；保健食品 4 公斤，价值 0.01 万元，还有部分奶制品、饮料食品、腌制食品等。另一方面，企业家的权利和合理诉求可以得到法律的维护。（2）要为企业家创造稳定的制度环境。例如柳梧新区建设的推迟造成的"道德风险"，只能由一些企业家来承担，诸如楼板厂和馒头店老板。（3）要为企业家创造良好的社会信用环境。科斯认为交易是有交易成本的。良好的信用环境能使交易顺利进行，可以降低交易成本，促进公平竞争。柳梧新区管委会工商行政管理局除对销售过期食品的工商户进行教育外，还让其写下保证书，并建立经济户口档案，作为评信依据，这就是一个培育社会信用环境的好方法。

（三）建立完善的企业家激励和约束机制

对企业家的激励体现了政府对企业家和企业家精神的认可和尊重，从而促进企业家在更大程度上发挥自身效能，为社会创造更多财富，促进本地区产业转型和就业人口的增加。科学的激励机制应当是物质激励和精神激励相结合，统筹个人利益和社群利益。2007 年上半年，柳梧新区管委会为促进农牧民就业转型，鼓励当地百姓从事工商服务业，对区内 19 户个体工商户免收工本费 380 元、工商管理费 2280 元。同时，政府部门可以对接纳就业人员多的企业进行奖励。约束机制和激励机制是对等的，而且是相辅相成的，对企业家的约束并不等于完全对其进行惩罚，还有利于其健康成长，规范发展。一方面，要对驻村企业的责任加以约束，如加强企业环保责任。另一方面，要加强企业的道德约束。在城市化进程中，人口聚集导致各种文化观念和道德体系冲突，要建立和健全和谐有序的社会公德，以促进新区的全面发展。

附录二 访谈笔录

访谈笔录一

访谈时间：2007 年 8 月 1 日，星期三，14：00 ~ 17：30

访谈地点：拉萨柳梧新村

访谈对象：次杰达瓦（村民）

访谈人员：陈朴、曹佛宝、熊振邦

记录：陈朴

翻译：措姆

访谈内容：

问：爸啦，你们家现在几口人？

次杰达瓦：现在独身，老伴去年因心脏病去世，比我大几岁。大儿子在拉萨农行做司机，2000 多元/月，儿媳妇是大学老师，三个女儿都出嫁了。

问：你们家种了多少地，养了多少牲畜？

次杰达瓦：基本上不种地了；只有两头牛（其中一头还是刚出生的小牛）。

问：你们家的耕地多少亩？

次杰达瓦：没有搬迁前我家在火车站附近，有 12 亩田，因为修火车站，一亩按 1.5 万元土地补偿费的标准被政府征走了。

问：你们的房子很好，花费多少钱？

次杰达瓦：搬迁前的老房子折价 15 万。现在的新房 12 万，政府又退回 3 万元。不过我现在有三套房子，二大一小，大的 170 平方米，两套（小户型）出租，大一点的租金 1500（元每月），小一点的租金 700（元每月）。

问：请问平时闲暇时间做什么？

次杰达瓦：离拉萨近，经常到拉萨转林廊，坐个车就到了。生活很安逸，哈哈哈哈。

在临走时，我们又碰到了两位老人。

问：目前，你们最需要什么帮助啊？

老人 A：政府把我们的土地征用了，没有了生活的依靠。我们一没文化，二是年龄大，打工没人要，所以担心补偿款用完了以后怎么办。

问：你们村里的穷人和富人（贫富）差距大吗？

老人 B：大，不过被征地前，有能力赚钱的人富有，穷人和富人差距有点大。发了补偿款，大家都有了点钱，差距不大。现在补偿款花得差不多了，像我们这样没能力赚钱的人又要变穷了。

访谈笔录二

访谈时间：2007 年 8 月 2 日，星期四，9：00

访谈地点：拉萨柳梧村村委会

访谈对象：扎西次仁（村党支部书记）

访谈人员：陈朴、曹佛宝、熊振邦

记录：陈朴

　　今天是望果节，柳梧村请了一家艺术团来村里表演，全村老少都来参加，也算过了一次林卡，可谓万人空巷。艺术团从上午一直表演到晚上 8 点多钟，中间吃了顿大餐，我们也跟着吃了一顿，非常丰盛。在空闲时间，我们有幸跟村支部书记进行了交流。

　　访谈内容：

　　问：书记，听说你们村还有个车队组织，是怎么回事？

　　扎西次仁：是的。我们村有大车 70 辆、小车 100 辆、中巴 38 辆、旅游车 50 辆（不过旅游车由旅游公司监管）。这些车辆都是村民自己出钱购买的，柳梧村成立了一个车队。村里的车辆由车队统一管理，车队有两名队长，一名是二组组长，一名是三组组长。车队队长的工资由车主承担。

　　问：成立这样的组织有什么好处？

　　扎西次仁：成立车队的作用有这么几点。

　　第一，车队统一管理，统一接活，这样可以缓解买车村民之间的矛盾，保证乡村稳定。有些村民有关系接到活，而有的村民接不到活，容易发生矛盾。

　　第二，能够做到公平分配。①买车村民之间的公平；②村委会从车队提取 5% 的费用，然后再分配给全村村民，达到全村公平。

　　第三，保证车主的收益得到兑现。这种车队的性质也可以说是一种村民合作组织，可以维护农民工（车主）的权益。

　　去年（2006 年）车队运输业收入 500 多万。

　　问：你们村下一步有什么规划？

　　扎西次仁：下一步考虑 101 辆公交车的组织问题、50

亩土地开发（这 50 亩是根据政策平价卖给村里，用来集体开发）。打造城市交通产业和品牌，看能不能达到文化搭台、经济唱戏的效果。要改变过去不会利用土地的情况，提高土地附加值。

访谈笔录三

访谈时间：2007 年 8 月 2 日，星期四，14：00

访谈地点：拉萨柳梧村村外

访谈对象：石板场彭老板

访谈人员：陈朴、曹佛宝、熊振邦

记录：陈朴

访谈内容：

问：老板，你好，问你几个问题可以吗？

彭老板：好的。

问：你这个厂的销量怎样？

彭老板：不是太好，从我接手到现在才销出 60～70 张板，楼板 23 元/米（3 米长、50 厘米宽），一共收入大概 5000～6000 元。

问：那成本呢？

彭老板：现在在拉萨，沙子 20 元/立方米、石子 30 元/立方米、水泥 500 元/吨、钢筋 4200 元/吨、电 1.2 元/度、税务 1100（元）/月、工商 240（元）/月，工人工资 700～800（元）/月，这样算算，肯定没有赚钱。

问：那也就是说你还亏了不少？

彭老板：是啊，自接手到现在还亏损 10 多万（元）呢！

问：现在整个西藏都在重点搞基础设施建设，那你怎么还能亏损呢？

彭老板：话虽这么说，但实际情况不是这样。第一，竞争激烈。仅柳梧村附近就有板厂2家、砖厂3家，拉萨周围还有好几家板厂，我这个距拉萨相对是比较远的，所以竞争不过人家。单说运输费上就没有优势，加上拉板抬板，最后每块赢利3元。第二，柳梧新区前期开发还没有开始，所以销路就成了问题，我现在就等着新区开发呢！

问：如果新区开发起来，你预测一下你的销售会怎样？

彭老板：按照正常估算的话，一年能卖2000多张，能赢利1万~2万元。

问：肯定会好起来的。那你们和村民的关系怎么样？

彭老板：我们和村民的关系比较融洽，村民对我们都很好，忙的时候会请一两个本村村民来工作，每天40~50元，但本村的村民都很有钱，所以有时很难请，哈哈哈。

问：那你现在最希望的事，或最期待的是什么？

彭老板：哈哈哈，我希望啊，早点开发新区，这样我的板就有销路，我要靠质量和运费优势赚点钱，呵呵。

访谈笔录四

访谈时间：2007年8月5日，星期日，14：30
访谈地点：拉萨柳梧村村委会
访谈对象：馒头店老板
访谈人员：陈朴、曹佛宝、熊振邦
记录：陈朴

访谈内容：

问：请问你们在这做生意，收入怎么样？

老板：馒头一块钱四个，饼五毛/个，每天大概有 100～200 元的收入。

问：那成本支出呢？

老板：在拉萨买面粉 60 元/袋，电 1.5 元/度，房租 350 元/月。

问：你们什么时候来的，为什么来这做生意？

老板：来这已经两年了。我们刚开始以为火车通了，火车站周围会有很多人，但是事实上也只有建火车站时有些人，还能往工地送些馒头挣些钱。火车站建好后就没多少人了，你们看，现在新村中有很多空房，原来有人出租当旅馆，现在也都退房了，因为没有客人。

访谈笔录五

访谈时间：2007 年 8 月 6 日，星期一，9：30

访谈地点：拉萨柳梧村村委会

访谈对象：普布顿珠（村委会主任）

访谈人员：陈朴

记录：陈朴

翻译：益西

访谈内容：

问：村长，我们调研的二、三组选民情况是什么样子？

普布顿珠：二组 239 人，18（岁）以上选民 160 人。三组 244 人，18（岁）以上选民 177 人。

问：你们村的人大代表这次准备反映什么样的问题呢？

普布顿珠：我们这次是选乡十届人大代表，这次我们准备反映老百姓关心的年轻人工作和老年人生活保障的问题。

问：村长，顺便问一下，你们村就业问题政府没有关注吗？

普布顿珠：有，县劳动局提供过几次机会，不过要求有初中文凭，我们村几乎没有初中毕业的劳动力。

问：能给我们说说村干部的待遇问题吗？

普布顿珠：2006年以前村委会负责村干部的工资，25元/天，750元/月。2007年开始县里给发工资，正村500元/月，副村450元/月，两个委员各400元/月，不过乡上每月扣100元，到年底统一支付。剩下不足750元的部分，村委会补给剩余部分，以保持以前的工资水平。

问：村集体的收入来源有哪些？

普布顿珠：村委会集体沙场收入、装载机出租收入、租地租金、集体土地补偿款。目前我们村集体资金6000万元，这给以后新区开发提供强大的资金支持。

访谈笔录六

访谈时间： 2007年8月10日，星期五，14：30
访谈地点： 拉萨柳梧新村管委会
访谈对象： 管委会主任
访谈人员： 陈朴
记录： 陈朴
访谈内容：

问：主任，新区主要向哪一方面开发，新区开发主要能给柳梧村村民带来哪些就业？

管委会主任：前期主要针对旅游业中的宾馆和酒店，主要能给柳梧村提供一些保洁工和保安的岗位吧！不过自治区留有 50 亩土地，主要用来解决铁路失地农民问题。

问：现在管委会主要做些什么工作？

管委会主任：主要由拉萨招商局牵头负责招商引资、项目推荐、制定一些招商引资政策等筹备工作。目前，我们已经和尼泊尔外商、浙江等企业在接触。

问：你们在招商引资过程中，对环保有没有要求？

管委会主任：那肯定有，我们是在选商，对有污染的企业是不会选择的。

问：对新区的公共基础设施建设目前如何？

管委会主任：我们现在正在筹建 10 万平方米的行政中心，在新区还有两所小学。此外，绿化面积达 40%，目前属于建设局的垃圾转运站最后转交给新区管委会，还有消防实施，目前正在建设排洪设施等。

访谈笔录七

访谈时间：2007 年 8 月 15 日，星期三

访谈地点：拉萨柳梧村村委会

访谈对象：扎西次仁（村党支部书记）

访谈人员：陈朴

记录：陈朴

访谈内容：

问：（柳梧村）以前曾经用过哪些名字？

扎西次仁：自治区成立前采用历史名"热木嘎"（音），

179

自治区成立后才用现在的名字——"柳梧村"，1974（年）、1975（年）左右用柳梧大队，1996 年恢复用柳梧村。

问：村委会在没征地之前主要做些什么工作，在征地后主要做什么工作？

扎西次仁：在没征地之前主要管理农业生产，现在主要是引导服务业和做好管理工作，同时还要宣传党的富民政策、民族宗教政策和法制。

问：一年发展几名党员？

扎西次仁：3～4 名党员。

问：上级政府还拨办公经费吗？

扎西次仁：两级财政补贴村级运转经费，不过大部分都是县上转移支付。

问：党支部一般什么时候开会？

扎西次仁：每月一次，制定下月计划。半年做小结，一年总结一次。

附录三　调研问卷汇总

附表 3-1　柳梧新村相关数据

户别编号	人口（人）	劳动力（人）	搬迁前土地亩数（亩）	赋闲在家劳动力（人）	学生（人）	老人（人）	搬迁后年收入（元）	平均年收入（元）	搬迁后年支出（元）	年储蓄积累（元）	平均储蓄积累（元）	土地补偿款（元）
1	5	2	10	0	1	0	42000	8400.00	30000	12000	2400.00	15
2	8	4	20	2	1	2	63000	7875.00	40000	23000	2875.00	30
3	6	1	5	1	3	1	40000	6666.67	35000	5000	833.33	7.5
4	6	4	17	3	1	2	24000	4000.00	35000	-11000	-1833.33	25.5
5	3	3	7	2	0	0	24000	8000.00	25000	-1000	-333.33	10.5
6	5	0	9	0	3	2	0	0.00	30000	-30000	-6000.00	13.5
7	4	2	3	1	2	0	100000	25000.00	48000	52000	13000.00	4.5
8	3	1	3	1	0	0	36000	12000.00	25500	10500	3500.00	4.5
9	6	2	7	1	3	0	84000	14000.00	44400	39600	6600.00	10.5
10	5	2	9	1	2	0	72000	14400.00	30000	42000	8400.00	13.5
11	5	2	9	0	2	1	50000	10000.00	30000	20000	4000.00	13.5
12	6	3	10	1	2	2	12000	2000.00	25000	-13000	-2166.67	15
13	3	1	15	0	0	2	8400	2800.00	24000	-15600	-5200.00	22.5
14	6	3	15	2	1	2	4800	800.00	42000	-37200	-6200.00	22.5
15	4	2	3	1	0	2	22200	5550.00	20000	2200	550.00	4.5
16	5	3	8	2	1	0	40000	8000.00	36000	4000	800.00	12

续附表 3－1

户别编号	人口（人）	劳动力（人）	搬迁前土地亩数（亩）	赋闲在家劳动力（人）	学生（人）	老人（人）	搬迁后年收入（元）	平均年收入（元）	搬迁后年支出（元）	年储蓄积累（元）	平均储蓄积累（元）	土地补偿款（元）
17	7	3	9	3	4	0	6000	857.14	21000	－15000	－2142.86	13.5
18	5	2	9	0	1	1	38000	7600.00	12000	26000	5200.00	13.5
19	3	2	0	1	1	0	24000	8000.00	30000	－6000	－2000.00	7
20	7	3	12	0	0	0	75000	10714.29	48000	27000	3857.14	18
21	6	4	12	0	0	0	60000	10000.00	30000	30000	5000.00	15
22	7	3	12	0	3	1	150000	21428.57	38000	112000	16000.00	18
23	6	3	10	1	2	1	0	0.00	28000	－28000	－4666.67	15
24	4	2	12	2	1	0	0	0.00	28000	－28000	－7000.00	18
25	4	4	12	0	0	0	33600	8400.00	29000	4600	1150.00	15
26	3	2	26	0	0	1	74000	24666.67	16000	58000	19333.33	39
27	6	2	7	0	0	0	0	0.00	27000	－27000	－4500.00	10.5
28	4	2	10.5	0	0	0	0	0.00	15000	－15000	－3750.00	15.75
29	5	2	13	1	3	0	100000	20000.00	30000	70000	14000.00	19.5
30	4	2	10.5	0	1	0	10000	2500.00	26000	－16000	－4000.00	15.75
31	8	4	21	2	1	0	110000	13750.00	48000	62000	7750.00	31.5
32	4	3	12	1	1	0	40000	10000.00	21000	19000	4750.00	18
33	5	1	14	1	2	2	30000	6000.00	18500	11500	2300.00	21
34	9	5	21	5	2	1	3500	388.89	22000	－18500	－2055.56	31.5
35	6	2	14	0	3	0	120000	20000.00	22760	97240	16206.67	21
36	4	2	10.5	0	0	0	4000	1000.00	14500	－10500	－2625.00	15.75
37	6	2	14	0	2	2	4000	666.67	21000	－17000	－2833.33	21
38	4	1	10.5	0	1	2	12000	3000.00	14000	－2000	－500.00	15.75
39	7	3	21	0	3	1	6000	857.14	16000	－10000	－1428.57	31.5
40	6	2	14	2	2	0	0	0.00	12100	－12100	－2016.67	21

续附表 3 – 1

户别编号	人口（人）	劳动力（人）	搬迁前土地亩数（亩）	赋闲在家劳动力（人）	学生（人）	老人（人）	搬迁后年收入（元）	平均年收入（元）	搬迁后年支出（元）	年储蓄积累（元）	平均储蓄积累（元）	土地补偿款（元）
41	5	1	14	0	0	3	11000	2200.00	18000	–7000	–1400.00	21
42	4	2	9	1	1	0	50000	12500.00	19000	31000	7750.00	13.5
43	6	2	16	0	3	1	55000	9166.67	30000	25000	4166.67	24
44	5	2	10.5	2	2	0	15000	3000.00	25000	–10000	–2000.00	15.75
45	3	1	10.5	0	2	0	0	0.00	10000	–10000	–3333.33	15.75
46	3	2	7	0	1	0	0	0.00	10050	–10050	–3350.00	10.5
合计	236	108	520	42	68	34						787

注：①年储蓄积累＝搬迁后年收入－搬迁后支出。②平均数＝该项/人口。③土地补偿款＝亩数＊1.5万。在本文中只统计了征地补偿款，由于青苗补偿等其他补偿调查有困难，而且数额较小，故忽略。④为了便于统计，户别统一用数字表示。

183

附录四　材料（部分）

材料一
青藏铁路通车给柳梧新区
带来历史性发展机遇

柳梧新区体现了拉萨市委、市政府提出的在十一五期间"东沿西扩、跨河发展"的城市发展战略。随着青藏铁路的全线开通和柳梧大桥的顺利通车，新区迎来了空前的发展机遇。这也是做大做强城市经济、更好地实现城乡统筹发展的需要。

一　铁路建设让柳梧村村民走上了致富的道路

随着青藏铁路开工，新区的开发建设已经刻不容缓，新区失地农民的安置、就业和再就业显得尤为重要。

为配合青藏铁路开工建设，2004 年经拉萨市发改委批复立项，柳梧新区筹备组在启动区内分期、分批承担了铁路拉萨客运站建设征收土地、房屋拆迁、农民新村建设任务。在新区建设过程中分两期修建了三种不同的石混结构居民房，分为 A（173.74 平方米）、B（124.48 平方米）、C（96.6 平方米）三种户型。搬迁居民房屋共 113 套，安置铁路一期征地搬迁户 71 户，安置铁路二期征地搬迁户 27 户，现已完成搬迁 98 户。每套建筑造价为 815 元/平方米，按照每户 700 元/平方米让利给失地群众，政府补贴 115 元/平方米。这直接给新区失地农民带来了前所未有的发展机遇，为改善新区农民的经济收入提供了有力保障。

（1）据调查，自铁路开工建设以来，直接参与建设（铁路建设、道路建设、安居建设）为农民带来的经济收入统计如下。

①柳梧村农民参与建设的劳动力达 165 多人次，直接经济年收益达到 180 万元。

②柳梧村新增大型运输车量 91 辆，参与建设年收入 500 万元。

③柳梧村新增两用小型客货车 72 辆，直接经济年收入 280 万元。

④柳梧村新增摩托车 63 辆，直接经济年收入 80 万元（拉施工人员）。

（2）开拓思路，增强了劳动技能，积极发展第三产业。

①由于铁路建设，当地农民已从单一种植业中积极投身市场竞争，转变了观念，增强了经济发展理念。柳梧村大部分农民从单纯的农业生产转向经商务工，由单一的种植业转向多渠道创收。柳梧村为新区柳梧农民转型提供了就业的岗位。据统计，2007 年，有经商户数 41 家（其中在柳梧工商部门登记注册的有：小百货店 22 家、甜茶馆 6 家、小型旅馆 11 家、洗车场 1 家、零售汽油站 1 处），经营年收入达 120 万元。

②在征地拆迁补偿中最多的一户补偿款 100 万元，最少的一户补偿款 9.8 万元。

③当地农民参与了工程施工，增长了知识和就业技能

（市政府通过劳动局培训了 44 名驾驶员，恒祥驾校培训了 96 名驾驶员，铁路局专门培训了 20 多名技术工人）。

④在目前农民再就业问题上，柳梧新区在开发建设中安置了 20 名失地农民从事市政环卫、保洁、垃圾清运工作，铁路局安置了 15 名失地农民从事铁路保护、客运站保洁等工作。

二 铁路开通为实施跨河发展战略打造新的经济平台提供了强大动力

（1）柳梧新区的开发是依据国务院 1999 年批准的《拉萨市城市总体规划（1995－2015）》而实施的；现在的《柳梧新区总体规划》、《柳梧新区分区规划》、《柳梧新区控制性规划》始于 2001 年，委托深圳市城市规划设计研究院编制，2004 年完成。新区规划控制区 42.07 平方公里，规划用地 24 平方公里，规划总人口 10 万～12 万人。新区将发展成为集城市客运交通、旅游服务、商务、行政、文化等功能于一体的新区，柳梧新区不仅是拉萨的"窗口"，也是全区对外开放的重要"窗口"，更是城市发展的重点区域，其功能定位是"老城区的副中心"、"西藏现代化典型示范区"、"客物流为中心的新型城市"，在发展方向和目标上以现代化的发展理念为主，加快新区作为拉萨城市副中心开发建设的步伐。

规划用地布局由北、中、南三个组团构成，其中北组团是新区重点启动开发建设区，拉萨火车客运站就位于该区内。该区规划控制区面积 9.04 平方公里，规划用地面积 6.44 平方公里，规划常住人口 3.5 万～4 万人。其中，启动区承担了城市次中心及区域客运枢纽两大功能，由客运综合体、商业区、行政区三大部分组成；商业区内安排了商业金融、餐饮服务、商业性办公、公寓、旅游服务基地等功能；行政区内规划了行政办公、图书馆、文化活动中心、青少年活动中心等公共设施。

（2）现柳梧新区已建成的市政项目有以下几项。

拉萨南岸公路全长 6.66 公里，投资概算 2774 万元。

通站路，全长 2.27 公里，投资概算 6700 万元。

公交枢纽中心，投资概算 1009.57 万元。

站前派出所，投资概算 485.88 万元。

垃圾收集转运站，投资概算 495.86 万元。

变电站，投资概算 391.5 万元。

北京大道，全长 3.36 公里，概算投资 7900 万元，其中北京市援助 6200 万元。

（3）拟开工项目有如下。

沿山排洪工程，全长 9.4 公里，投资概算 6800 万元。

茶古大道，全长 3.322 公里，道路断面宽度 32 米，投资概算 7900 万元。

1-1 路，全长 3.336 公里，道路断面宽度 21 米，投资概算 6207.08 万元。

1-4 路，全长 0.966 公里，道路断面宽度 30 米，投资概算 2755.99 万元。

1-5 路，全长 0.525 公里，道路断面宽度 30 米，投资概算 780 万元。

通站东路，全长 0.427 公里，道路断面宽度 14 米，投资概算 987.04 万元。

（4）招商引资建设情况如下。

在拉萨市政府举行的 2005 年经贸洽谈会上，通过招商引资活动，引进企业 17 家，合同投资额达 8 亿元人民币。签订意向性投资 19 家，金额达 40.22 亿元人民币。出让土地 550

亩，应收取土地出让金 1.64 亿元人民币。目前，取得红线图和规划许可证的 9 家企业正在做方案设计，预计年底前将有 6 家企业开工建设。2007 年将以挂牌方式推出新区房地产开发项目。目前正与浙江含量集团以挂牌的方式洽谈投资，投资额拟达到 17 亿~18 亿元，重庆悦民房地产开发有限公司以挂牌的方式洽谈投资，投资额拟将达到 4 亿~5 亿元。

随着青藏铁路的开通及柳梧大桥的顺利通车，拉萨将形成老城区、柳梧新区、经济技术开发区，资源互补、产业互动和和谐发展的经济发展新格局，柳梧新区区位优势显著，加上逐步完善的基础设施，柳梧新区渐成本地发展的"引擎"。在拉萨市实现跨越式发展的过程中，柳梧新区将成为西藏有史以来最繁华、最现代化的一座新城区，发展的柳梧新区将给柳梧村解决更多的就业。柳梧新区已经到了整体推进、加快发展的关键时期，形势逼人，刻不容缓。

拉萨市柳梧新区筹备组办公室

2007 年 5 月 25 日

材料二
柳梧村机动车辆登记表

附表 4 - 1　柳梧村机动车辆登记

车　　主	车牌号	车　型	行驶证号	车辆年限	道路运输证	村组
琼次仁	AB1363	东　风	有	2006	有	二组
次　仁	AB1343	东　风	有	2006	有	三组
普　布	AB7385	东　风	有	2000	有	三组
米　玛	AA9588	东　风	有	2002	有	三组

车　　主	车牌号	车　型	行驶证号	车辆年限	道路运输证	村组
巴　次	AB1188	东　风	有	2004	有	二组
旦　巴	AA8770	东　风	有	2003	有	二组
琼　达	AB1348	东　风	有	2006	有	二组
达瓦桑布	AB5462	东　风	新车未上户	2006	有	五组
格　达	AB1212	东　风	有	2006	有	二组
措　吉	AB1337	东　风	有	2006	有	二组
大巴桑	AA7390	东　风	有	2006	有	二组
次　罗	AA9207	东　风	有	2000	有	四组
边　巴	AB1334	东　风	有	2006	有	三组
益　旦	AB1267	东　风	有	2006	有	六组
次　珠	AA8766	东　风	有	2003	有	六组
达瓦桑布	AB0574	东　风	有	2005	有	六组
尼　顿	AB0803	东　风	有	2006	有	五组
普布次仁	AB1432	东　风	有	2006	有	三组
多　宗	AA9918	东　风	有	2000	有	四组
扎　达	AB0969	东　风	有	2005	有	三组
拉巴央宗	AB1244	东　风	有	2006	有	三组
洛　赤	AA9099	东　风	有	2003	有	二组
旦　增	AB1388	东　风	有	2006	有	三组
旺　堆	AA6736	农用车	有	2002	有	四组
格　多	AB1323	东　风	有	2006	有	三组
阿　多	AA6371	东　风	有	1998	有	二组
加　措	AB1164	东　风	有	2006	有	二组
江　措	AB1174	东　风	有	2006	有	二组
穷　达	AA7528	东　风	有	2002	有	二组
旦　巴	AB1154	东　风	有	2006	有	二组
格　尼	AB1269	东　风	有	2006	有	五组

车　　主	车牌号	车　型	行驶证号	车辆年限	道路运输证	村组
旦　　杰	AB8666	东　风	有	2006	有	三组
格　　平	AB1247	东　风	有	2006	有	三组
普　　次	AB0534	东　风	有	2006	有	二组
尼　　玛	AB1217	东　风	有	2006	有	三组
边　　巴	AB1183	东　风	有	2006	有	四组
巴　　桑	AB1379	东　风	有	2006	有	二组
旦　　决	AB1399	东　风	有	2006	有	三组
普　　琼	AB0277	东　风	有	2006	有	二组
平　　措	AB	东　风	新车未上户	2006	有	六组
扎　　西	AB1436	东　风	有	2006	有	四组
米　　玛	AB1270	东　风	有	2006	有	五组
普　　顿	AA9404	东　风	有	2005	有	五组
白码贡桑	临5997	东　风	未上户	2006	有	五组
查吉扎西	临82720	东　风	有	2006	有	一组
巴　　桑	AB1369	东　风	有	2006	有	四组
次　　巴	AB5518	东　风	有	2004	有	五组
格　　尼	AB5452	东　风	有	1996	有	五组
(小)扎西	AA7820	东　风	有	2000	有	五组
拉　　巴	AB1366	东　风	有	2006	有	五组
格　　多	AB7320	东　风	有	2000	有	三组
洛　　达	AB1142	东　风	有	2006	有	四组
柴　　多	AB0721	东　风	有	2005	有	四组
巴　　次	AA6469	东　风	有	1999	有	三组

后 记

　　西藏拉萨市堆龙德庆县柳梧乡柳梧村紧邻拉萨河南岸，与拉萨老城隔河相望，村以北经柳梧大桥，直接连接老城市中心区，并经拉贡（拉萨—贡嘎）高等级公路到达贡嘎机场；向南，可通过规划的东环路到达乃琼铁路货运基地；向东，可通过滨河道路与川藏公路连接，到达林芝、昌都等藏东地区；向西，可通过滨河大道与东环路形成环路，青藏铁路拉萨客运站和汽车客运站坐落于该村西北部。该村因拉萨火车站的建设和柳梧新区建设而出名。由于这两个大项目的建设，柳梧村土地基本上被征用，这也是西藏历史上又一次大规模的集中征地，因此失地问题和青藏铁路通车、拉萨火车站建成对该村的影响成为我们此次选点的主要原因。对该村的经济和社会进行系统的调研分析，对于了解青藏铁路通车对沿线村镇的影响具有积极的借鉴意义，为深入贯彻落实科学发展观，全面建设小康西藏、和谐西藏、平安西藏以及实现青藏铁路沿线村镇经济和社会的跨越式发展提供了很好的启迪，这也是我们这次选取这一村的目的所在。

　　而此次调研的意义就在于目前还没有调研人员在青藏铁路开通后对柳梧村经济和社会进行系统调研，因此没有原有调研成果的借鉴，本调研组是首次对柳梧村进行系统调研，尤其是青藏铁路开通以来对柳梧村经济和社会的变化更是首次独家调研，从一定程度上来讲对掌握该村的原始资料具有奠基性意义。我们这次运用的调研方法主要是选取 50 户有代表性家庭进行调研，主要采取组织小型会议、多户同时集中访谈、个别户个别人访问、分发问卷、专题座谈与典型走访等多种方式相结合进行调研。在对柳梧村基本资料全面掌握的基础上，按照社会人类学、民族学、经济学和边疆史地学以及哲学社会科学的基本要求，遵循马克思的唯物辩证法和唯物史观的基本研究方法，以科学发展观为指导，结合该村的实际，坚持正确的政治立场，维护祖国统一和民族团结、反对分裂和维护边疆社会局势稳定的政治原则，在研究中运用中性的学术观点和学术语言对柳梧村经济和社会发展中存在的主要问题以及下一步的发展方向进行了专题探讨。

本调研组是首次对柳梧村的经济社会状况进行系统调研，基本达到了预期效果，对了解西藏的火车站对其附近村的影响及经济社会状况的改变具有很好的借鉴和启发作用，并掌握了柳梧村以后经济社会的发展思路的第一手资料，为西藏农牧区尤其是青藏铁路沿线村（镇）社会和经济的跨越式发展以及构建和谐西藏和建设社会主义新农村进行了基础材料的收集工作，对全面真实地了解边疆地区的村庄情况做出了一定程度的贡献。本调研组在调研过程中也存在一定的问题，最困难的问题是语言不通，虽然具备了藏汉语流利的翻译人员，但还是不能做到面对面直接与藏族群众交流，调研的深度也有待挖掘。虽然我们经过深入细致的调查，但由于调研问卷和调研方式存在不足等原因，一些问题还没能进行更为详尽的了解，仅能为今后开展相关工作提供一些有益的借鉴。

自 2007 年 7 月做进藏调研前的准备工作开始到 2007 年 12 月初稿的完成，我们始终是在西藏社科院倪邦贵研究员和西藏民族学院狄方耀教授的支持、关怀和指导下进行的，他们曾多次对调研中存在的问题给予指导并对下一步的调研工作给予合理化的建议。在报告初稿完成后，狄方耀教授提出了不少宝贵的修改意见，没有他们的指导和关心，这项课题不可能如此顺利地完成。

课题组在调研和撰写过程中的具体分工如下。

倪邦贵研究员：西藏片区总负责人，全面主持课题项目，参与问卷设计，负责全报告的统稿、定稿。

狄方耀教授：担任本项目具体负责人，对学生进行调研前培训，负责初稿的修改和定稿。

陈朴：主要撰写第二章、附录一之专题报告一和专题报告二。

曹佛宝：主要撰写第三章、第六章以及附录一之专题报告三。

熊振邦：主要撰写第一章和第四章。

张黎：主要撰写第五章。

西藏民族学院财经学院 2006 级国际贸易专业措姆和 2006 级会计电算化益西同学担任主要藏语翻译。

在本书出版之际，笔者还要感谢中国社会科学院中国边疆史地研究中心李方研究员、孙宏年博士的指导，感谢社会科学文献出版社祝得彬、陶盈竹、王玉敏的帮助，他们对于本书的书稿都提出了宝贵的意见，付出了辛勤劳动！

此外，堆龙德庆县县委办公室主任胡思义同志、柳梧村党支部书记扎西次仁和村委主任普布顿珠同志给予了鼎力支持，西藏自治区支铁办、堆龙德庆县发改委、堆龙县地方志办公室、柳梧新区管委会、柳梧新区管委会工商局、柳梧乡政府等单位提供了相关的辅助材料。堆龙德庆县检察院杨骊同志在后勤保障中作出的无私奉献，使我们调研小组省去很大的一笔开支，在此一并表示衷心的感谢，并对在调研过程中给予大力配合和支持的方民、张乐、四郎次丁、齐楠等同志表示诚挚的谢意！

当然，由于参加撰写的人员都是在读硕士研究生，知识水平有限，报告中不当之处在所难免，敬请有关专家批评指正。我们会把来自各方面的批评和建议视为对自己的鞭策和激励，并吸取合理的内容不断改进。

陈朴

2009 年 7 月 14 日

社会科学文献出版社网站

www.ssap.com.cn

1. 查询最新图书　　2. 分类查询各学科图书
3. 查询新闻发布会、学术研讨会的相关消息
4. 注册会员，网上购书

本社网站是一个交流的平台，"读者俱乐部"、"书评书摘"、"论坛"、"在线咨询"等为广大读者、媒体、经销商、作者提供了最充分的交流空间。

"读者俱乐部"实行会员制管理，不同级别会员享受不同的购书优惠（最低 7.5 折），会员购书同时还享受积分赠送、购书免邮费等待遇。"读者俱乐部"将不定期从注册的会员或者反馈信息的读者中抽出一部分幸运读者，免费赠送我社出版的新书或者光盘数据库等产品。

"在线商城"的商品覆盖图书、软件、数据库、点卡等多种形式，为读者提供最权威、最全面的图书出版资讯。商城将不定期推出部分特惠产品。

询/邮购电话：010-59367028　　邮箱：duzhe@ssap.cn

站支持（销售）联系电话：010-59367070　　QQ：168316188　　邮箱：service@ssap.cn

购地址：北京市西城区北三环中路甲 29 号院 3 号楼华龙大厦　社科文献出版社读者服务中心

编：100029

行户名：社会科学文献出版社发行部　　开户银行：工商银行北京东四南支行　　账号：0200001009066109151

图书在版编目（CIP）数据

青藏铁路带来的新农村：西藏拉萨市柳梧乡柳梧村调查报告／陈朴著．—北京：社会科学文献出版社，2010.12
（当代中国边疆·民族地区典型百村调查／厉声主编．西藏卷．第1辑）
ISBN 978 - 7 - 5097 - 1273 - 3

Ⅰ．①青…　Ⅱ．①陈…　Ⅲ．①乡村—社会调查—调查报告—堆龙德庆县　Ⅳ．①D668

中国版本图书馆 CIP 数据核字（2010）第 036371 号

当代中国边疆·民族地区典型百村调查：西藏卷（第一辑）
青藏铁路带来的新农村
——西藏拉萨市柳梧乡柳梧村调查报告

著　　者／陈　朴

出 版 人／谢寿光
总 编 辑／邹东涛
出 版 者／社会科学文献出版社
地　　址／北京市西城区北三环中路甲 29 号院 3 号楼华龙大厦
邮政编码／100029
网　　址／http：//www.ssap.com.cn
网站支持／（010）59367077
责任部门／编译中心（010）59367139
电子信箱／bianyibu@ ssap.cn
项目经理／祝得彬
责任编辑／陶盈竹　王玉敏
责任校对／邓晓春
责任印制／董　然　蔡　静　米　扬

总 经 销／社会科学文献出版社发行部
　　　　　（010）59367081　59367089
经　　销／各地书店
读者服务／读者服务中心（010）59367028
排　　版／北京宝蕾元科技发展有限公司
印　　刷／北京美通印刷有限公司

开　　本／889mm×1194mm　1/32
印　　张／7　　插图印张／0.25
字　　数／151 千字
版　　次／2010 年 12 月第 1 版
印　　次／2010 年 12 月第 1 次印刷

书　　号／ISBN 978 - 7 - 5097 - 1273 - 3
定　　价／138.00 元（共 4 册）

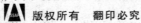